TODO-EN-UNO

Lecciones • Técnica • Teoría
Material de apoyo en línea

ADULTOS PIANO Adventures® 2

de Nancy y Randall Faber

Traducido y editado por Mauricio Ramírez,
Mintcho Badev y Ana Cristina González Correa

Coordinador de producción: Jon Ophoff
Portada e ilustraciones: Terpstra Design, San Francisco
Grabado y tipografía: Dovetree Productions, Inc.

FABER
PIANO ADVENTURES®

ISBN 978-1-61677-993-1

Bienvenido

¿Continuando desde el *Libro 1*?

Esta secuela continúa tu aventura musical en el piano. Tenemos disponibles más de dos horas de videos que le darán una perspectiva profesional a tu entrenamiento musical. Además, con las pistas de audio de acompañamiento podrás sumergirte en un mundo sonoro de ritmos, melodías y armonías; aspectos esenciales del aprendizaje musical.

Aprende más con los videos de Randall Faber, pianista y pedagogo de talla mundial.

¿Retomando el piano?

Si ya has tomado clases de piano, esta es tu oportunidad de recuperar la confianza. Aprende a leer partituras y tocar *lead sheets*, mejora tu técnica e incrementa tu comprensión musical. Tómate el tiempo para encontrar y desarrollar la dimensión expresiva en tus interpretaciones.

¡Ejercita tu cerebro!

Las melodías, la teoría musical básica, la exploración creativa y la interpretación expresiva estimularán y enriquecerán tu mente.

Cómo usar este libro

Las lecciones están organizadas en 16 unidades. Cada una cubre un concepto nuevo y al mismo tiempo integra los conceptos y las habilidades anteriores.

Los conceptos musicales más importantes están resaltados con barras azules.

Encontrarás consejos para dar los primeros pasos en cada lección.

Las actividades de "descubrimiento" y "creación" impulsan el aprendizaje a fondo y refuerzan la creatividad.

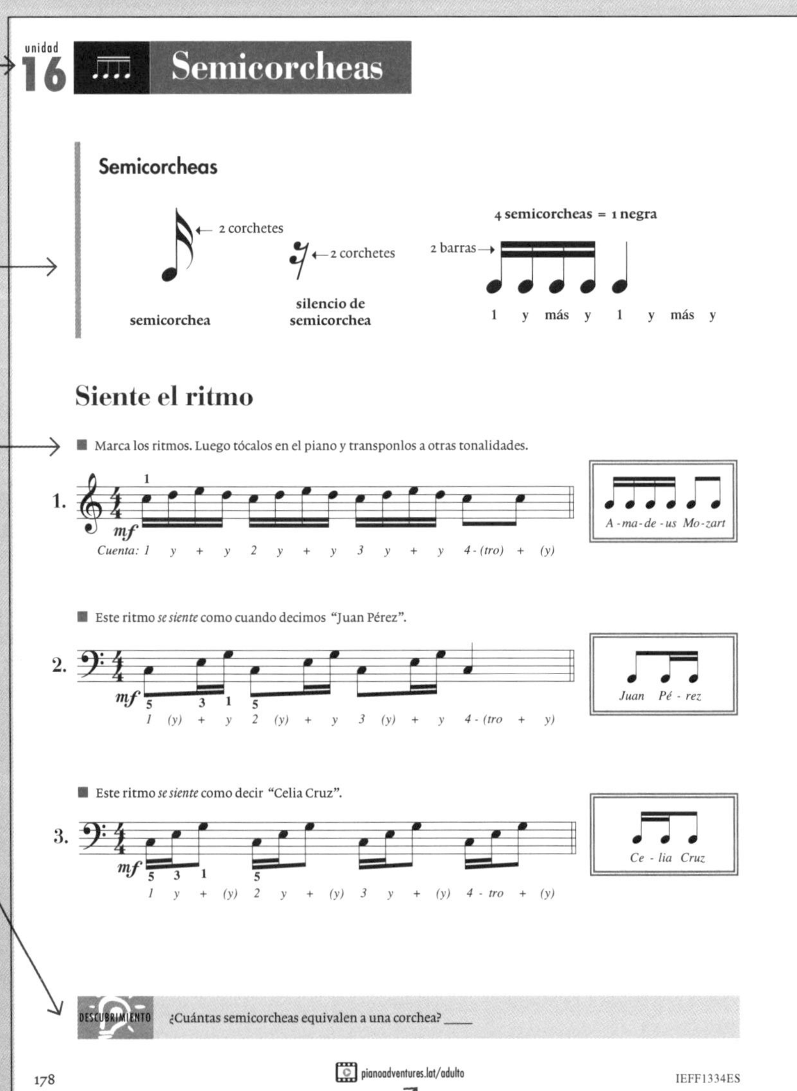

Cuando veas estos íconos, visita **pianoadventures.lat/adulto** para acceder a las pistas de audio y los videos de las páginas correspondientes.

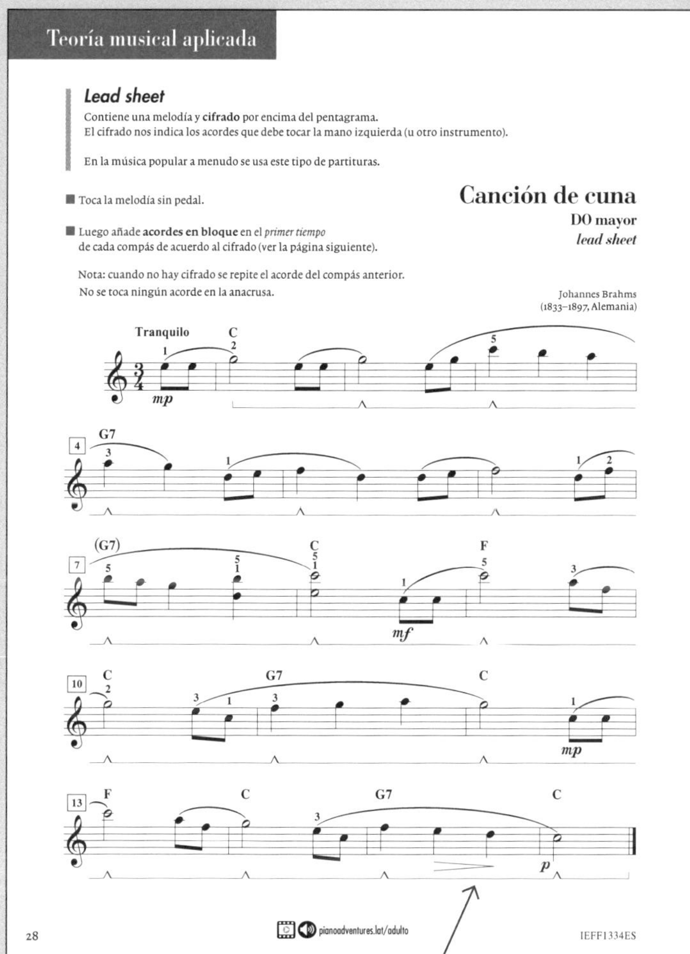

Teoría musical aplicada

Lead sheet

Contiene una melodía y **cifrado** por encima del pentagrama.
El cifrado nos indica los acordes que debe tocar la mano izquierda (u otro instrumento).

En la música popular a menudo se usa este tipo de partituras.

- Toca la melodía sin pedal.
- Luego añade **acordes en bloque** en el *primer tiempo* de cada compás de acuerdo al cifrado (ver la página siguiente).

Nota: cuando no hay cifrado se repite el acorde del compás anterior.
No se toca ningún acorde en la anacrusa.

Canción de cuna

DO mayor
lead sheet

Johannes Brahms
(1833–1897, Alemania)

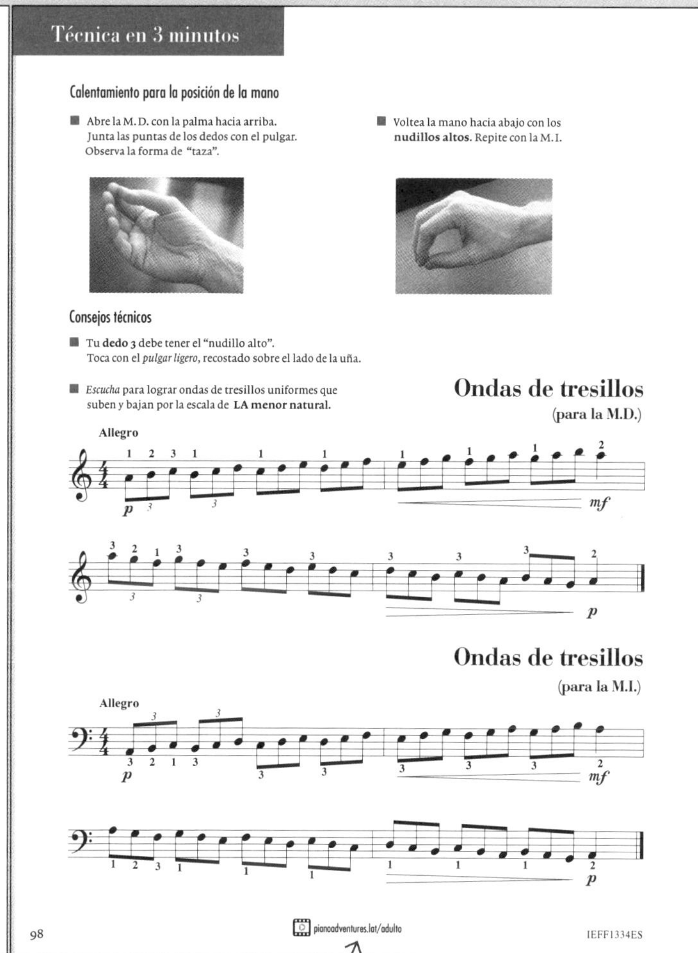

Técnica en 3 minutos

Calentamiento para la posición de la mano

- Abre la M. D. con la palma hacia arriba. Junta las puntas de los dedos con el pulgar. Observa la forma de “taza”.
- Voltea la mano hacia abajo con los **nudillos altos**. Repite con la M. I.

Consejos técnicos

- Tu **dedo 3** debe tener el “nudillo alto”. Toca con el *pulgar ligero*, recostado sobre el lado de la uña.
- *Escucha* para lograr ondas de tresillos uniformes que suben y bajan por la escala de **LA menor natural.**

Ondas de tresillos
(para la M.D.)

Ondas de tresillos
(para la M.I.)

Aprende a tocar acordes con *lead sheets* de canciones conocidas.

Todas las páginas de técnica tienen un video para observar los ejercicios en la práctica.

Al final de cada unidad encontrarás páginas de “Técnica en 3 minutos” y de “Teoría musical aplicada”. Las páginas de técnica ofrecen las bases para aproximarse físicamente de manera correcta al piano y desarrollan la destreza de los dedos. La teoría musical aplicada te ayudará a aprender acordes y armonía básica, así como a mejorar tu lectura musical.

Pistas de acompañamiento

Descarga la aplicación *Piano Adventures Player*® para acceder a pistas de acompañamiento interactivas con ajuste de velocidad. ¡Fácil y divertida de usar!

¡Expande tu repertorio!

Toca muchas canciones famosas adaptadas para tu nivel con nuestra serie de libros suplementarios para Adultos Piano Adventures. Elige entre tus géneros favoritos, incluyendo Popular, Clásico y Navidad.

Índice

UNIDAD 1 Conceptos básicos: (repaso del *Libro 1*) 6–15

figuras musicales, signos de compás, notas en el pentagrama, matices, intervalos, DO y SOL mayores (escalas y acordes básicos I, IV, V7)

Allegro Moderato (Pieza de repaso) 14

UNIDAD 2 Líneas adicionales 16–29

líneas adicionales, D.C. al Coda, pedal conectado, lead sheet en DO

Calentamiento con octavas 16
Campanas de la catedral 17
Cataratas del Niágara 18
Ejercicio de pedal 20
Toque de corneta 21
'O Sole Mio 22
Pajarito gris 24
TÉCNICA EN 3 MINUTOS 26
TEORÍA MUSICAL APLICADA (Canción de cuna) 28

UNIDAD 3 Escala de FA mayor 30–43

tonalidad de FA mayor: tónica, dominante, sensible, acordes de I-IV-V7; frase, motivo, imitación, ritmo de swing, lead sheet en FA mayor

Teoría de la tonalidad de FA mayor 30
Toca la escala de FA mayor 31
Acordes básicos en FA mayor 32
Acorde de V7 en FA mayor: C7 33
La Bamba 34
Allegro en FA Mayor (Beyer) 36
The Lion Sleeps Tonight 38
TÉCNICA EN 3 MINUTOS 40
TEORÍA MUSICAL APLICADA (Aire de Londonderry) . 42

UNIDAD 4 Tríadas mayores y menores 44–53

3.as mayores y menores, tríadas mayores y menores, acordes en DO mayor

3.as mayores y menores; tríadas mayores y menores 44
Malagueña 46
Hace mucho, mucho tiempo 48
TÉCNICA EN 3 MINUTOS 50
TEORÍA MUSICAL APLICADA (Fiesta) 52

UNIDAD 5 Tríadas en inversión 54–63

posición fundamental, 1.a inversión y 2.a inversión, acompañamiento con fundamentales del acorde

Ejercicio de 1.a inversión 54
Campanas de Westminster 55
Ejercicio de 2.a inversión 56
Gavota (Carr) 57
Campana sobre campana 58
TÉCNICA EN 3 MINUTOS 60
TEORÍA MUSICAL APLICADA (Himno a la alegría) ... 62

UNIDAD 6 Silencio de corchea 64–73

silencio de corchea, bajo Alberti, acordes básicos y secundarios, tríadas en SOL mayor

El *Boogie* de cafetería 64
Parió la luna 66
Espejo de agua 68
TÉCNICA EN 3 MINUTOS 70
TEORÍA MUSICAL APLICADA (*Shenandoah*) 72

UNIDAD 7 Negra con puntillo 74–85

negra con puntillo, acorde arpegiado

Negra con puntillo 74
Quiero negras con puntillo 74
Kumbaya 76
Tema de Scherezada (Rimsky-Korsakov) 78
En mi convertible rojo 80
TÉCNICA EN 3 MINUTOS 82
TEORÍA MUSICAL APLICADA (Las mañanitas) 84

UNIDAD 8 Teoría de las escalas menores 86–101

tonalidad de LA menor, relativa menor, escala de LA menor natural y armónica, acordes básicos en LA menor, ostinato, tresillo, progresión de i-VII-VI-V

Teoría de las escalas menores 86
Escala de LA menor natural y armónica 87
Sakura 88
Estudio en LA menor (Köhler) 90
Acordes básicos en LA menor 92
Acorde de V7 en LA menor: E7 93
Finale (de la Sinfonía No.9, "Del Nuevo Mundo") 94
Hava Nagila 96
TÉCNICA EN 3 MINUTOS 98
TEORÍA MUSICAL APLICADA (*Greensleeves*) 100

UNIDAD 9 Intervalo de séptima (7.a) 102–109

intervalo de séptima (7.a), compás común (C), compás binario (¢), lead sheet con acompañamiento de vals

Blues con 7.as 102
Tierra del abedul plateado 103
Sheep May Safely Graze (Bach) 104
TÉCNICA EN 3 MINUTOS 106
TEORÍA MUSICAL APLICADA (Las chiapanecas) 108

UNIDAD 10 Tonalidad de RE menor 110–121
teoría de la tonalidad de RE menor, escala de RE menor, acordes básicos en RE menor, lead sheet en RE menor

FA mayor y RE menor 110
Escala de RE menor natural y armónica 111
Acordes básicos en RE menor........................112
Acorde de V7 en RE menor: A7 113
Habanera de la ópera *Carmen* (Bizet)................114
Velo qué bonito 116
TÉCNICA EN 3 MINUTOS 118
TEORÍA MUSICAL APLICADA (Ojos negros) 120

UNIDAD 11 Signos de compás de $\frac{3}{8}$ y $\frac{6}{8}$ 122–133
compás de $\frac{3}{8}$, compás de $\frac{6}{8}$, silencio de negra con puntillo (𝄽.) lead sheet en $\frac{6}{8}$

La mar estaba serena..............................122
Nuevo signo de compás: $\frac{6}{8}$ 124
Melodías conocidas en: $\frac{6}{8}$ 125
Vienen los Campbell...............................126
Funiculí, funiculá 128
TÉCNICA EN 3 MINUTOS 130
TEORÍA MUSICAL APLICADA (Barcarola) 132

UNIDAD 12 Más líneas adicionales 134–143
líneas adicionales superiores, líneas adicionales inferiores, líneas adicionales centrales, lead sheet con líneas adicionales

Líneas adicionales 134
Marcha eslava (Tchaikovsky) 135
En la sala del rey de las montañas (Grieg) 136
La mañana (Grieg).................................138
TÉCNICA EN 3 MINUTOS 140
TEORÍA MUSICAL APLICADA (La luciérnaga).......142

UNIDAD 13 Tonalidad de MI menor 144–155
teoría de la tonalidad de MI menor, escala de MI menor, acordes básicos en MI menor, tenuto, lead sheet en MI menor

Teoría de la tonalidad de MI menor 144
Escala de MI menor natural y armónica 145
Acordes básicos en MI menor...................... 146
Acorde de V7 en MI menor: B7 147
Eclipse lunar 148
El lago de los cisnes (Tchaikovsky) 150
TÉCNICA EN 3 MINUTOS.........................152
TEORÍA MUSICAL APLICADA (La casa del sol naciente)154

UNIDAD 14 Tonalidad de RE mayor 156–167
tonalidad de RE mayor: tónica, dominante, sensible, acordes de I-IV-V7; lead sheet en RE mayor

Teoría de la tonalidad de RE mayor 156
Escala de RE en movimiento paralelo y contrario 157
Acordes básicos en RE mayor 158
Acorde de V7 en RE mayor: A7.......................159
Himno a la alegría (Beethoven)..................... 160
Gavota en RE mayor (Hook) 162
TÉCNICA EN 3 MINUTOS 164
TEORÍA MUSICAL APLICADA (*Worried Man Blues*) ... 166

UNIDAD 15 Arpegios de una octava 168–177
arpeggios mayores y menores de una octava, fortissimo (ff), síncopa, lead sheet con acompañamiento de arpeggios

Arpegios de una octava 168
Tema de la Pequeña serenata nocturna (Mozart) 169
Marcha nupcial (Mendelssohn) 170
Fiesta España 172
TÉCNICA EN 3 MINUTOS 174
TEORÍA MUSICAL APLICADA (*Liebestraum*)......... 176

UNIDAD 16 Semicorcheas 178–187
patrones de semicorcheas, conteo 1 y + y, lead sheet con semicorcheas

Ritmos de semicorcheas 178
Calentamiento rítmico............................ 179
Saloma 180
Vals de Musetta (Puccini)..........................182
TÉCNICA EN 3 MINUTOS 184
TEORÍA MUSICAL APLICADA (Nocturno).......... 186

Pieza de repaso

Canon de Pachelbel................................188

Tabla de escalas 192

Tabla de acordes 194

Glosario 196

repaso del LIBRO 1 Conceptos básicos (repaso del *Libro 1*)

Figuras musicales

Las figuras musicales y los silencios indican la duración del sonido.
Contadas con un pulso estable, estas duraciones crean RITMOS.

■ Dibuja cada figura o silencio en el recuadro correspondiente.

Figuras

redonda
4 tiempos
"1-2-3-4"

blanca con puntillo
3 tiempos
"1-2-3"

blanca
2 tiempos
"1-2"

negra
1 tiempo
"1"

corchea
1/2 tiempo

dos corcheas
= 1 negra
"1 y"

Silencios

silencio de redonda
dura un compás
completo de silencio

Nota: esto aplica para $\frac{4}{4}$, $\frac{3}{4}$, $\frac{2}{4}$
o cualquier otro signo de compás.

silencio de blanca
2 tiempos de silencio

silencio de negra
1 tiempo de silencio

silencio de corchea
1/2 tiempo de silencio
(presentado en la p. 64)

Signos de compás

Los dos números que aparecen al inicio de las piezas musicales nos señalan el **signo de compás.**

Ej. **3** — El número de *arriba* indica cuantos tiempos (o pulsos) hay en cada compás.
4 — El número de *abajo* indica el tipo de nota que dura un tiempo.
4 = negra = ♩

1. Marca este ritmo en $\frac{2}{4}$, contando en voz alta (+ = y). Luego elige cualquier tecla y tócalo con el dedo 3.

Cuenta: 1 2 1 - 2 1 + 2 + 1 2 1 2 + 1 - 2

2. Marca este ritmo en $\frac{3}{4}$, contando en voz alta. Luego elige cualquier tecla y tócalo con el dedo 3.

Cuenta: 1 - 2 - 3 1 2 3 1 - 2 3 1 + 2 + 3 + 1 2 3

3. Marca este ritmo en $\frac{4}{4}$, contando en voz alta. Luego elige cualquier tecla y tócalo con el dedo 3.

Cuenta: 1 - 2 - 3 - 4 1 - 2 3 - 4 1 2 3 4 1 + 2 + 3 + 4 + 1 - 2 - 3 - 4

Clave de FA y clave de SOL

La clave de FA se usa para los sonidos *graves.*

Los dos puntos de la **clave de FA** nos señalan la **línea de FA.**

línea de FA —

La clave de SOL se usa para los sonidos *agudos.*

La **clave de SOL** hace un círculo alrededor de la **línea de SOL.**

línea de SOL —

El sistema para piano

La música para piano se escribe en dos pentagramas unidos por una llave y una línea.
Este pentagrama doble se llama SISTEMA.

■ Toca estas notas de la *más grave* a la *más aguda*, diciendo sus nombres en voz alta.
Usa la mano izquierda (M.I.) en las notas en clave de FA, y la mano derecha (M.D.) en clave de SOL.

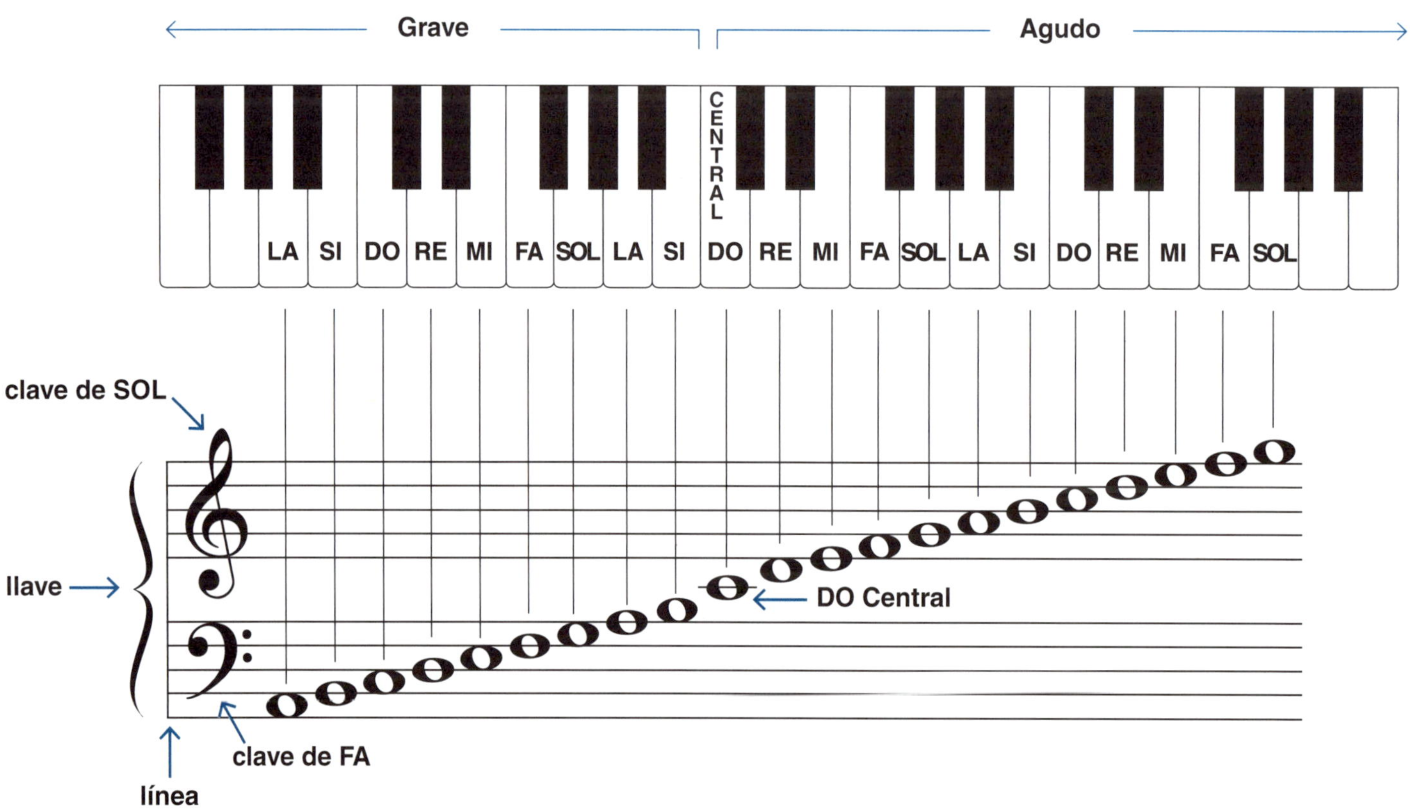

Matices

Los **matices** son los "fuertes y suaves" de la música.

■ Elige cualquier tecla del piano y tócala con cada uno de los siguientes matices.
Escucha cómo cambia el sonido.

Símbolo	Nombre	Significado
pp	*pianissimo*	muy suave
p	*piano*	suave
mp	*mezzo piano*	moderadamente suave
mf	*mezzo forte*	moderadamente fuerte
f	*forte*	fuerte
ff	*fortissimo*	muy fuerte

crescendo (*cresc.*)	*diminuendo* (*dim.*) o *decrescendo* (*decresc.*)
Toca cada vez más fuerte.	Toca cada vez más suave.

■ Toca esta pieza cuidando los matices.

Estudio de matices

Intervalos

Un **intervalo** es la distancia entre dos *sonidos musicales*, *teclas* en el piano o *notas* en el pentagrama.

■ Toca los siguientes ejemplos. Observa que cada intervalo se puede tocar de dos maneras distintas:

quebrado: las notas se tocan *mélodicamente* (una a la vez)

en bloque: las notas se tocan *armónicamente* (de manera simultanea)

Segunda (2.ª)

Una segunda abarca dos notas (por ej. DO-RE). En el pentagrama una segunda va:

de una LÍNEA al siguiente ESPACIO o **de un ESPACIO a la siguiente LÍNEA**

2.ª ascendente **2.ª descendente**

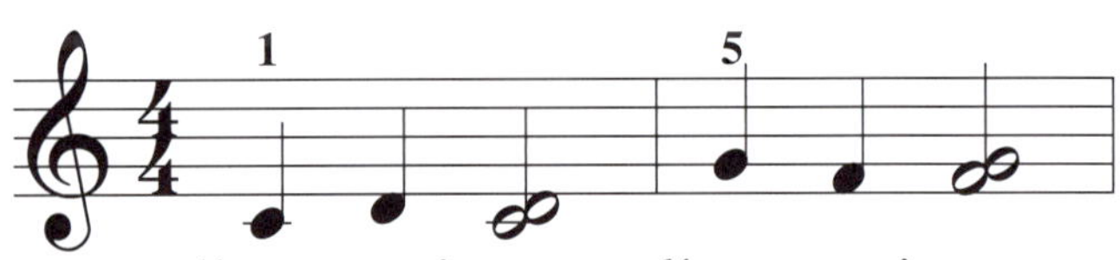

línea - espacio **línea - espacio**

2.ª ascendente **2.ª descendente**

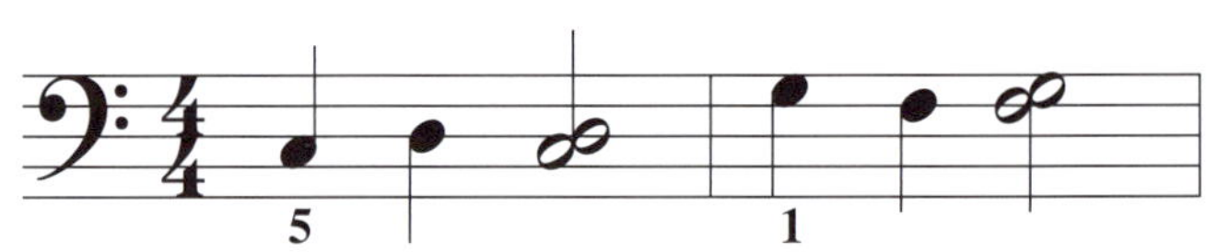

espacio - línea **espacio - línea**

Tercera (3.ª)

Una tercera se salta una nota (por ej. DO-MI). En el pentagrama una tercera va:

de una LÍNEA a la siguiente LÍNEA o **de un ESPACIO al siguiente ESPACIO**

3.ª ascendente **3.ª descendente**

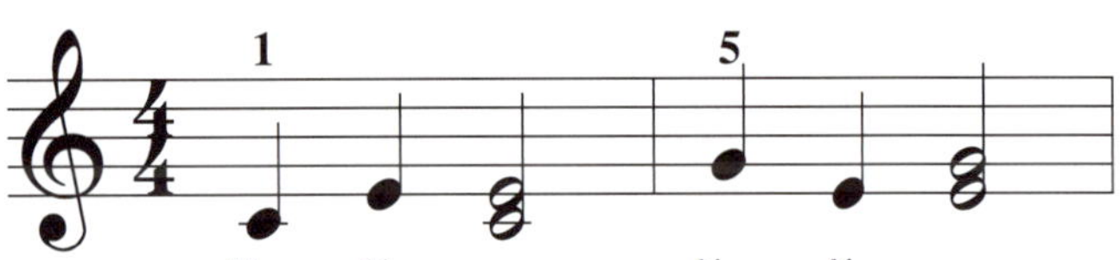

línea - línea **línea - línea**

3.ª ascendente **3.ª descendente**

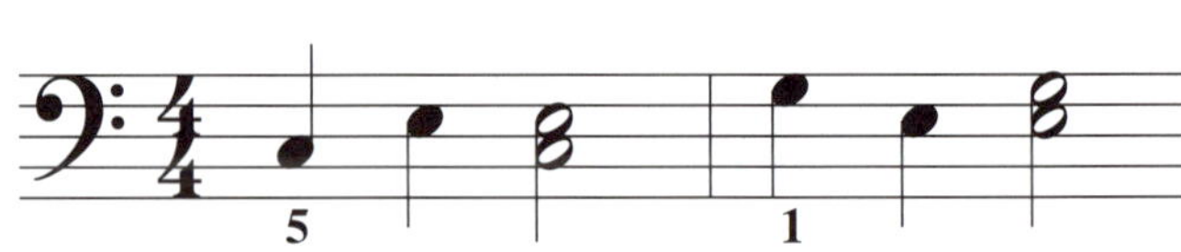

espacio - espacio **espacio - espacio**

Cuarta (4.ª)

Una cuarta abarca cuatro notas (por ej. DO-FA). En el pentagrama, una cuarta va:

de una LÍNEA *(salta una línea)* **a un ESPACIO** o **de un ESPACIO** *(salta un espacio)* **a una LÍNEA**

4.ª ascendente 4.ª descendente

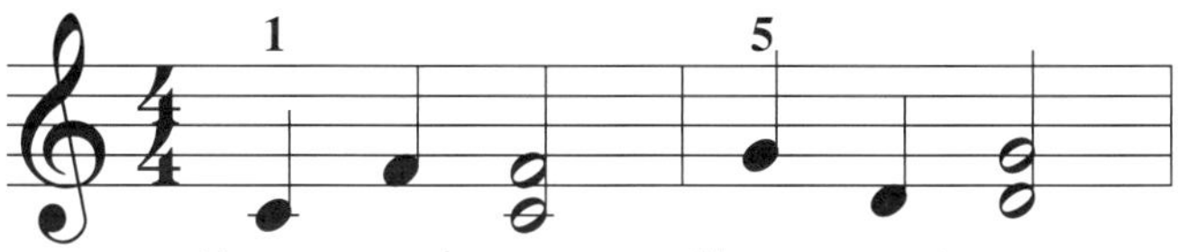

línea - espacio línea - espacio

4.ª ascendente 4.ª descendente

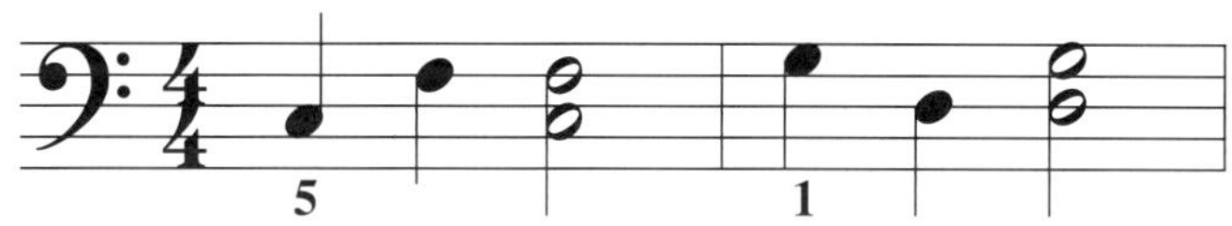

espacio - línea espacio - línea

Quinta (5.ª)

Una quinta abarca cinco notas (por ej. DO-SOL). En el pentagrama una quinta va:

de una LÍNEA *(salta una línea)* **a una LÍNEA** o **de un ESPACIO** *(salta un espacio)* **a un ESPACIO**

5.ª ascendente 5.ª descendente

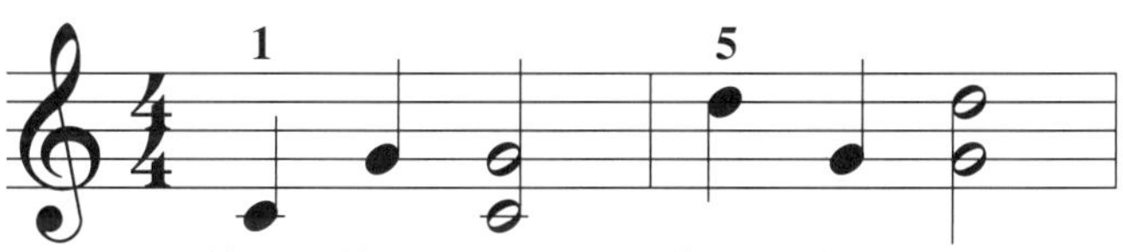

línea - línea línea - línea

5.ª ascendente 5.ª descendente

espacio - espacio espacio - espacio

Sexta (6.ª)

Una sexta abarca seis notas (por ej. DO-LA). En el pentagrama una sexta va:

de una LÍNEA *(salta 2 líneas)* **a un ESPACIO** o **de un ESPACIO** *(salta 2 espacios)* **a una LÍNEA**

6.ª ascendente 6.ª descendente

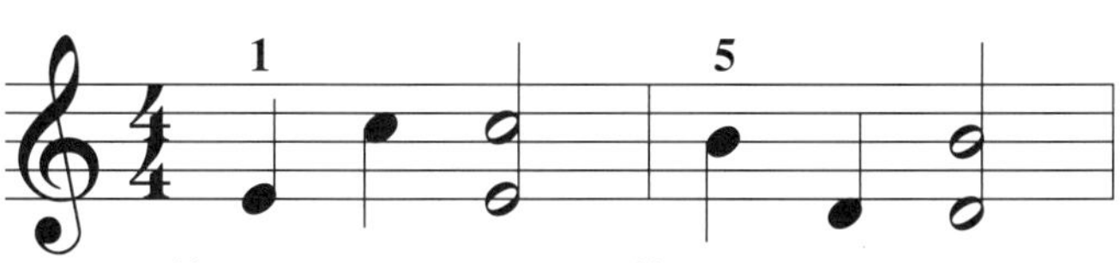

línea - espacio línea - espacio

6.ª ascendente 6.ª descendente

espacio - línea espacio - línea

Consejos de lectura

Los intervalos *impares* (3.ª, 5.ª) siempre van de **línea a línea** o de **espacio a espacio.**

Los intervalos *pares* (2.ª, 4.ª, 6.ª) siempre van de **línea a espacio** o de **espacio a línea.**

Tonalidad de DO mayor

Escala de DO mayor

La **escala mayor** está formada por **tonos**, *excepto* por los semitonos entre los *grados* 3-4 y 7-8. Mira el glosario en la página 196 para un repaso de los tonos (T) y semitonos (S).

■ Toca la escala de DO mayor con manos separadas y luego juntas.

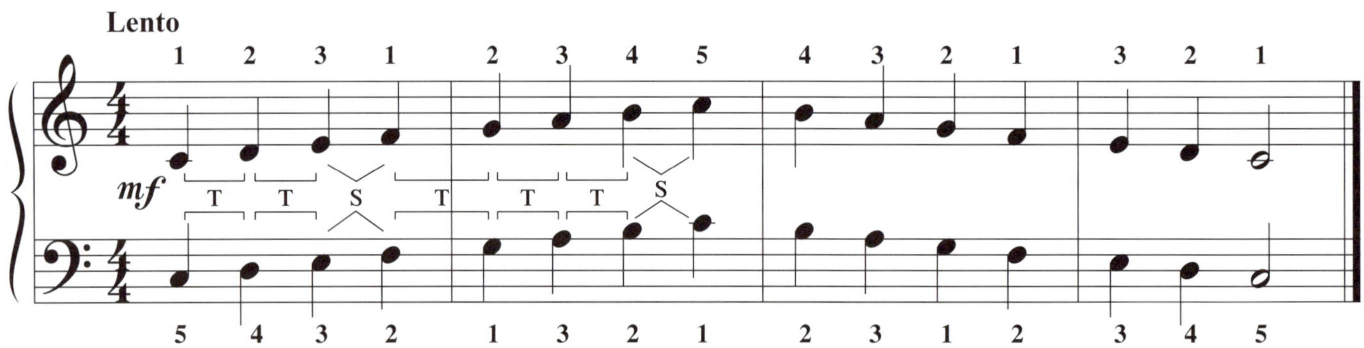

Acordes básicos en DO mayor: I-IV-V

Los acordes se construyen por 3.as a partir de cada *grado* de la escala.
Los **acordes básicos** (**I**, **IV**, **V** y **V7**) se construyen a partir de los *grados* 1, 4 y 5.

cifrado:	**C**			**F**	**G**	**G7**			**C**

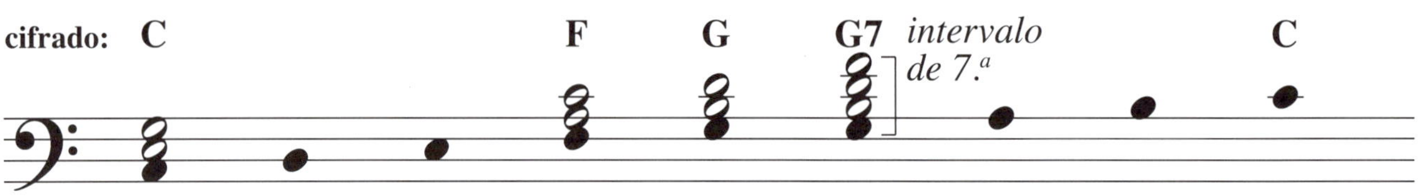

grados:	**1**	**2**	**3**	**4**	**5**	**5**	**6**	**7**	**8 (1)**
números romanos:	**I**			**IV**	**V**	**V7**			**I**

■ Toca estos acordes de I, IV, V y V7 en POSICIÓN FUNDAMENTAL con la M.I.
En esta posición, la fundamental (la que le da el nombre al acorde) es la nota más baja.

DO mayor: acordes básicos en posición cercana

El orden de las notas de los acordes se puede *invertir* (reorganizar) para evitar los saltos en el teclado.

■ Toca los siguientes acordes de I, IV y V7 en posición cercana con la M.I.
La fundamental de cada acorde está sombreada.

cifrado:	**C**	**F**	**C**	**G7**	**C**

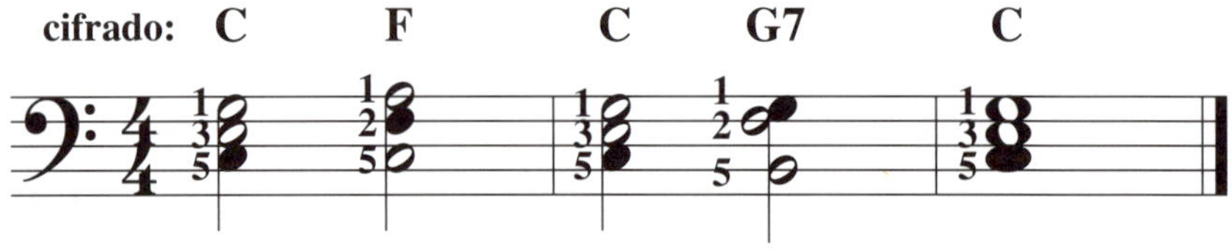

funciones:	**I**	**IV**	**I**	**V7**	**I**

Función: la manera como el acorde se relaciona a la tonalidad.
Por ejemplo, el acorde de FA es el acorde de IV en DO mayor.

Tonalidad de SOL mayor

Escala de SOL mayor

■ Toca la escala de SOL mayor con manos separadas y luego juntas.

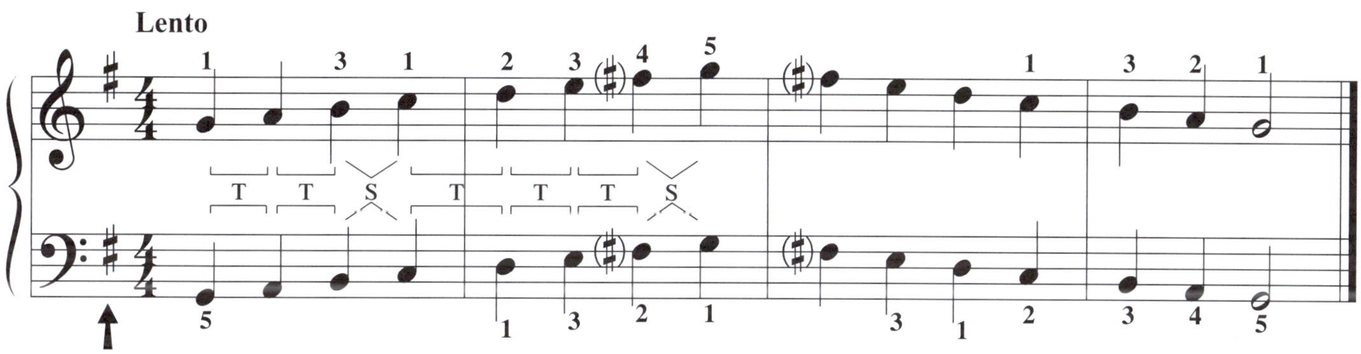

Armadura

Este sostenido indica que estamos en SOL mayor. Todos los **FA** se deben tocar *sostenidos.*

Acordes básicos en SOL mayor: I-IV-V

Los **acordes básicos** de SOL mayor se muestran abajo en POSICIÓN FUNDAMENTAL.

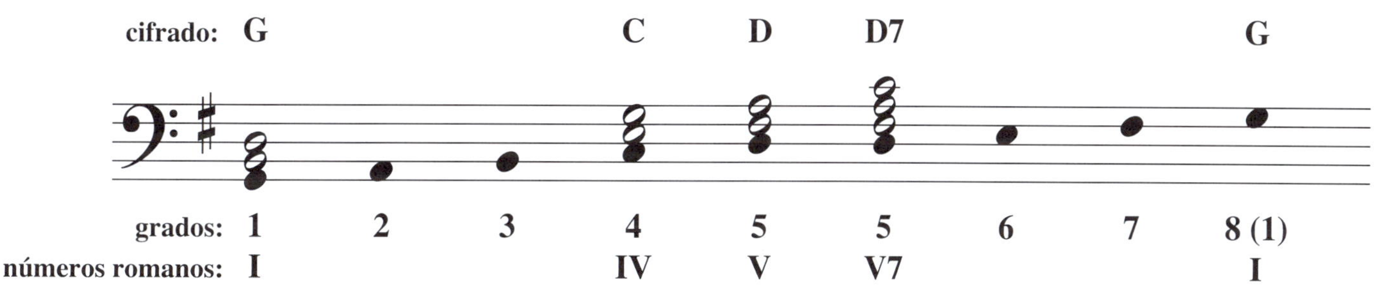

■ Toca los acordes de I, IV, V y V7 con la M.I.

SOL mayor: acordes básicos en posición cercana

■ Toca los siguientes acordes de I, IV y V7 en posición cercana con la M.I.

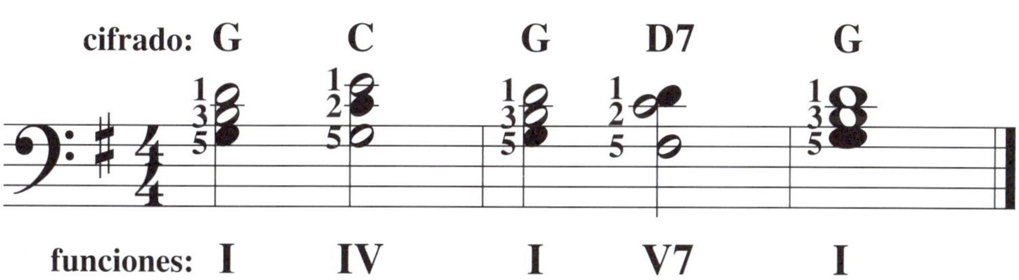

Forma musical

La forma musical es la estructura general de una pieza.

Forma binaria o forma AB

"Binario" significa "de dos partes". Esta forma tiene una sección **A** seguida de una sección **B.** Normalmente cada sección se repite.

‖: A :‖‖: B :‖

■ Observa las secciones en la partitura.

Sección A

Allegro Moderato

pieza de repaso

Nancy Faber

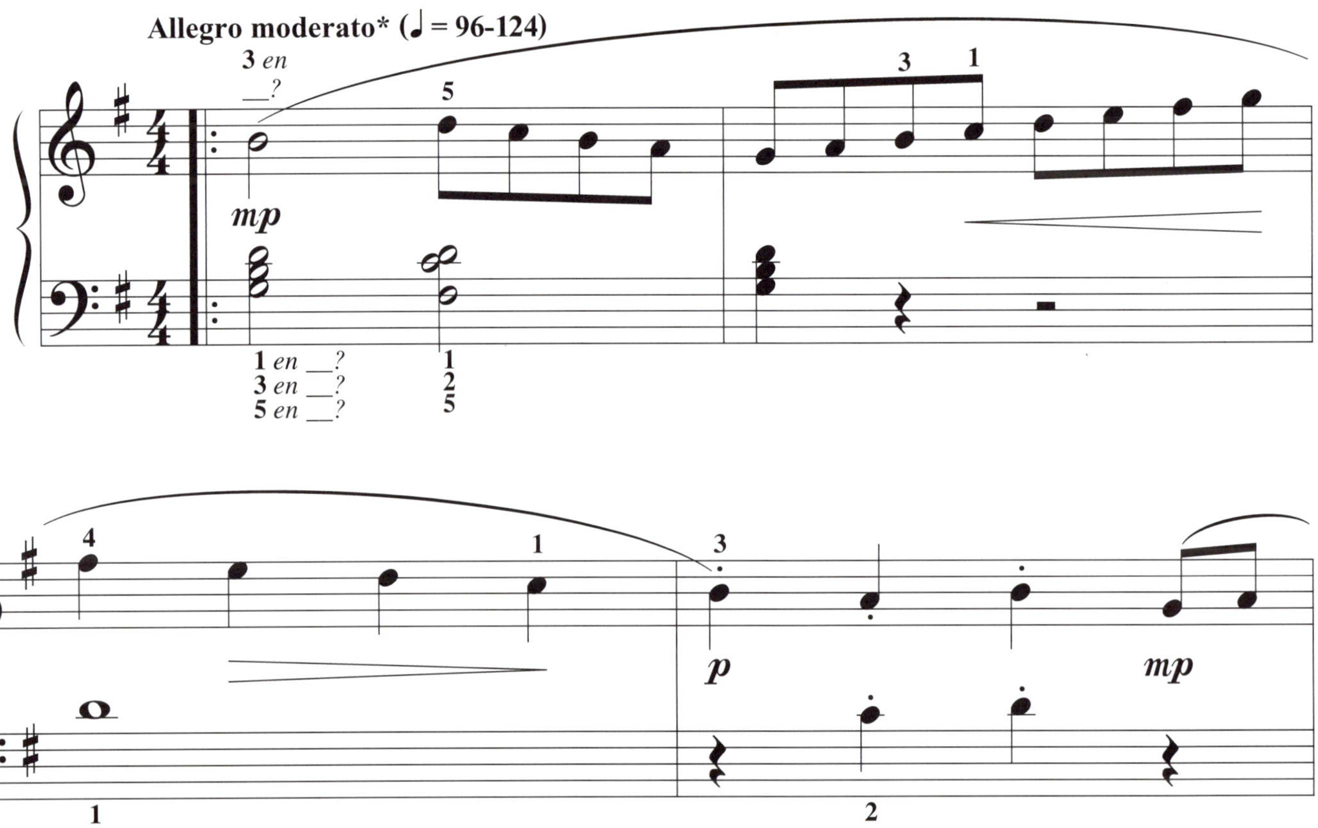

Acompañamiento para el profesor (el alumno toca *1 octava más alto*):

**Allegro moderato*:* moderadamente rápido

Sección B

DESCUBRIMIENTO

Repaso: **transponer** significa tocar lo mismo en una tonalidad diferente.
Las notas cambian, pero los *intervalos* son los mismos.
Transpón *Allegro Moderato* a la tonalidad a **DO mayor.**

Líneas adicionales

Las **líneas adicionales** son líneas cortas que se añaden por debajo o por encima del pentagrama para escribir notas más graves o más agudas.

DO GRAVE se escribe en la segunda línea adicional *inferior* del pentagrama de clave de FA.

DO AGUDO se escribe en la segunda línea adicional *superior* del pentagrama de la clave de SOL.

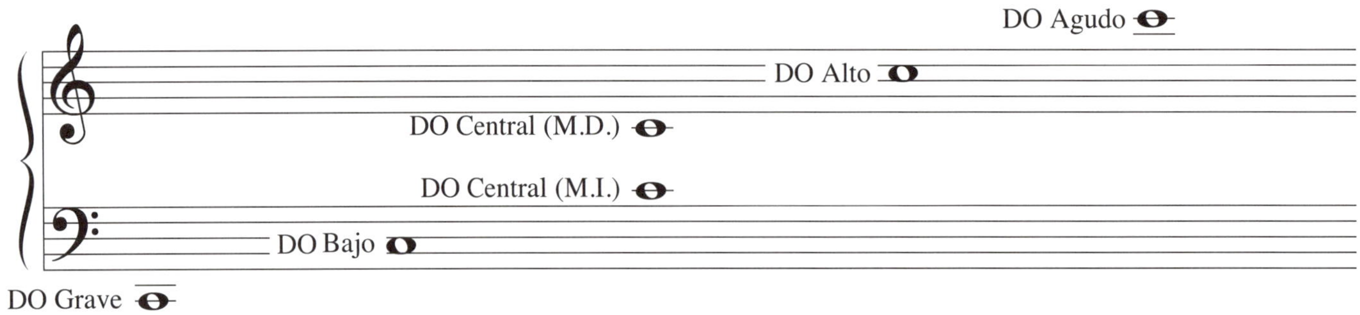

- Toca cada DO diciendo su nombre completo.
  Repaso: entre un DO y el siguiente DO hay un intervalo de una *octava* (8 notas).

Consejo técnico

Compases 1-4: toca con la mano abierta y los dedos extendidos para más comodidad.

Calentamiento con octavas

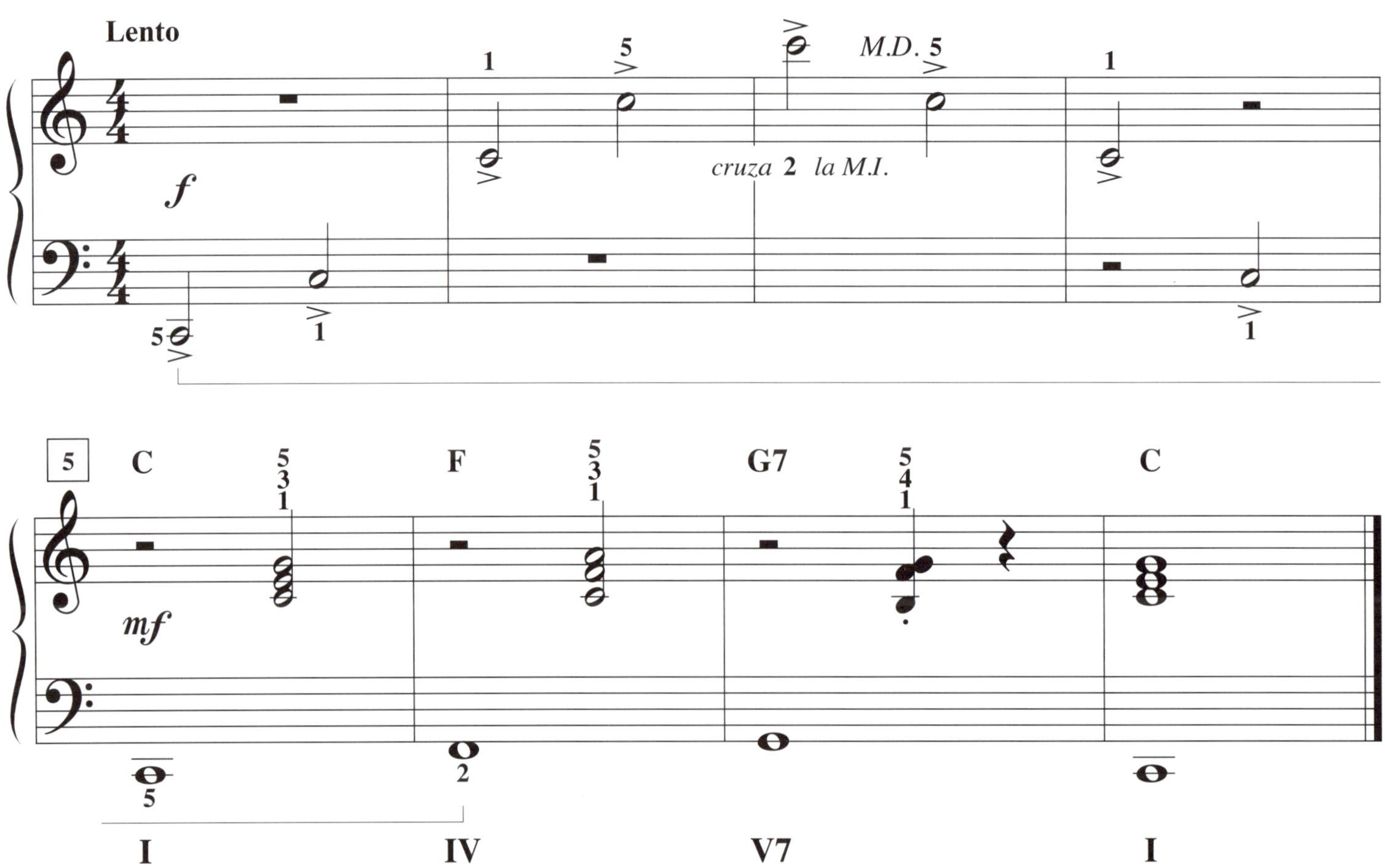

DESCUBRIMIENTO Transpón el *Calentamiento con octavas* a **SOL mayor**.

pianoadventures.lat/adulto

Repaso de matíz

pp - pianissimo

Pianissimo significa muy suave, más suave que *piano* (***p***).

Campanas de la Catedral

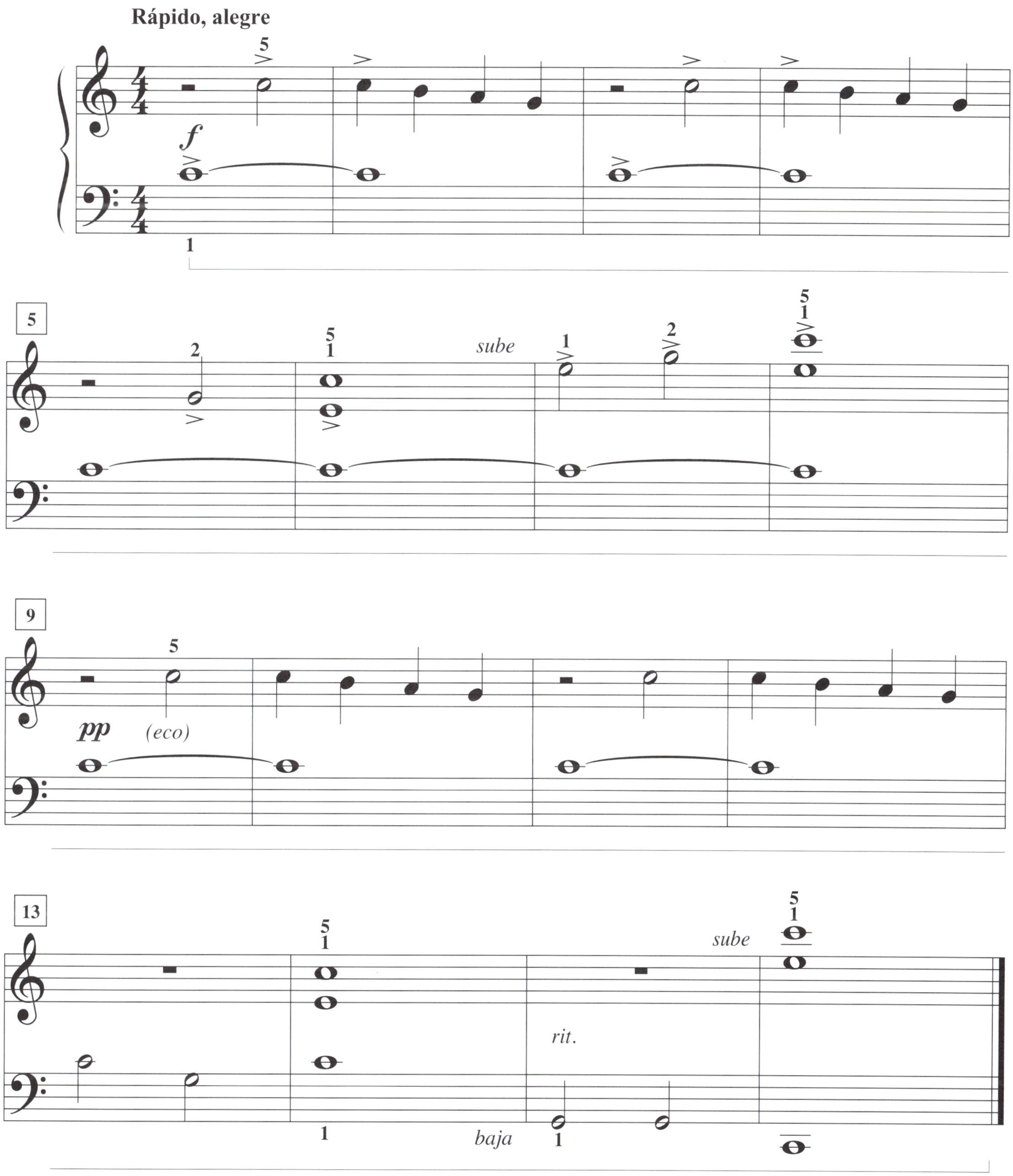

DESCUBRIMIENTO Dos sistemas usan únicamente las notas del **acorde de DO mayor** ¿Cuáles son?

D.C. al coda

Da Capo al Coda significa "desde el inicio a la Coda".
Regresa al inicio, toca hasta el ⊕ y salta a la *Coda* (final).

Cataratas del Niágara

DO mayor

Nancy Faber

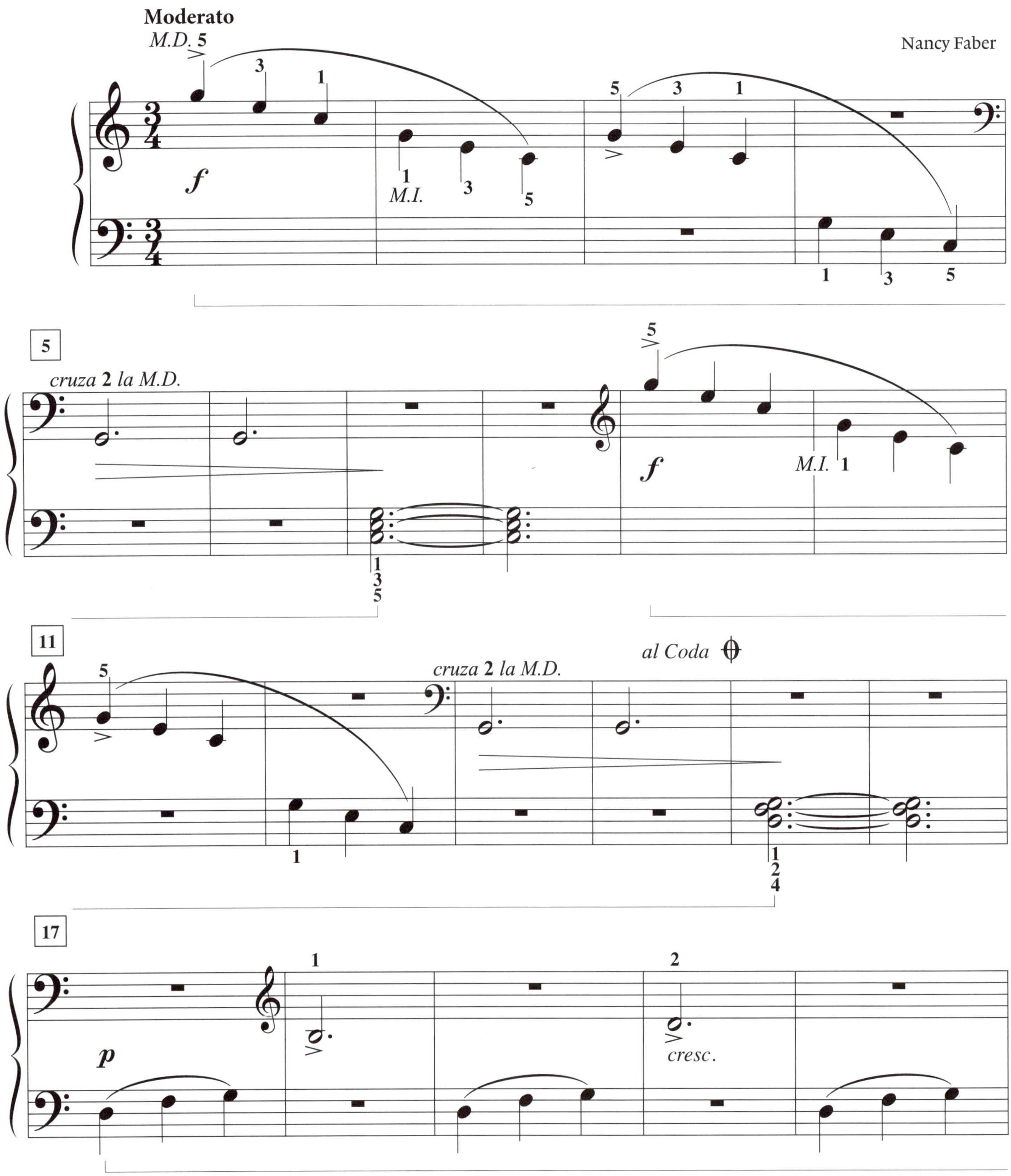

pianoadventures.lat/adulto

DESCUBRIMIENTO Encuentra los 8 compases que usan únicamente notas del **acorde de SOL mayor.**

Pedal conectado

El pedal conectado hace que la música suene *legato* (ligado).

1. Di en voz alta las siguientes palabras mientras practicas los movimientos del pie.

Arriba abajo ten-lo, **arriba abajo ten-lo,** **arriba abajo ten-lo,**

2. Las marcas de pedal ⋀ nos indican exactamente los mismos movimientos. Levanta el pedal en el pulso y vuelve a presionarlo después de tocar las notas.

(**Arriba**) **abajo ten-lo,** **arriba abajo ten-lo,** **arriba abajo ten-lo,**

Consejos para el uso del pedal

- Di las palabras mientras tocas. Presiona el pedal **DESPUÉS** de tocar.
- Prepara el siguiente acorde durante los *tiempos* 3 y 4.
- *Escucha* con atención para lograr un sonido suave y conectado.

Ejercicio de pedal

Moderato

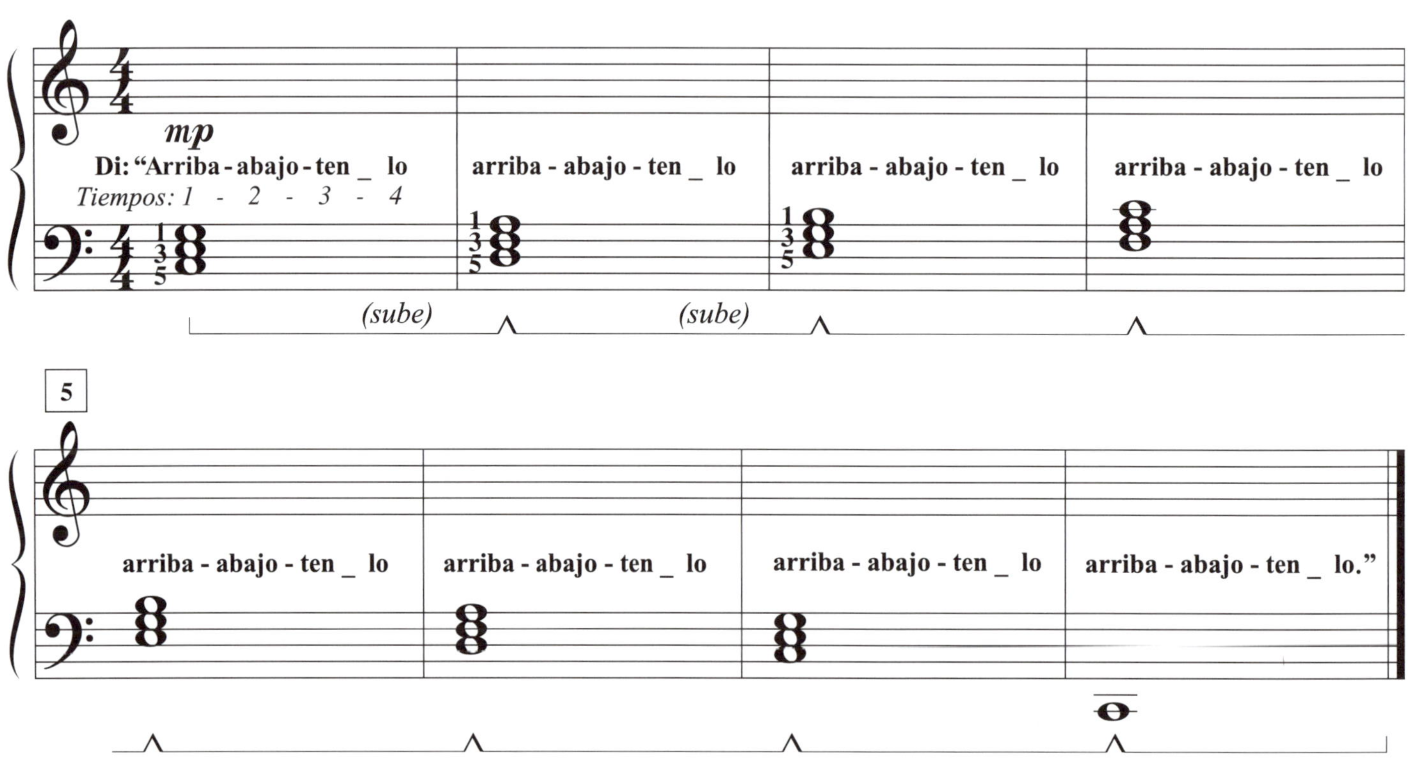

DESCUBRIMIENTO Toca este ejercicio con **ambas manos** (la M.D. toca los mismos acordes 1 octava *más alto*).

pianoadventures.lat/adulto

Este toque de corneta se originó en los campos de batalla de la Guerra Civil estadounidense. Después de una batalla cerca de Richmond, Virginia, en la cual murieron muchos soldados de la Unión, mientras el coronel Daniel Butterfield reflexionaba con tristeza por los hombres que había perdido, se dice que tarareó esta melodía mientras su ayudante la transcribía. Esa noche el cornetista del batallón la interpretó en señal de luto y pronto fue adoptada por más batallones. A partir de 1874 es reconocida por el ejercito estadounidense como una melodía oficial, y aún hoy en día se interpreta en los funerales de soldados condecorados.

Consejos

- Primero toca *sin* pedal, concentrándote en los cambios de posición de la M.I.
- Luego toca con pedal. Asegurate de hacer todos los **matices** para lograr un sonido expresivo.

Toque de corneta

(para la M.I. sola)

Tradicional de EE.UU.

DESCUBRIMIENTO ¿En qué tiempo del compás comienza esta pieza?

Nuevas notas en líneas adicionales

■ Toca estas notas.

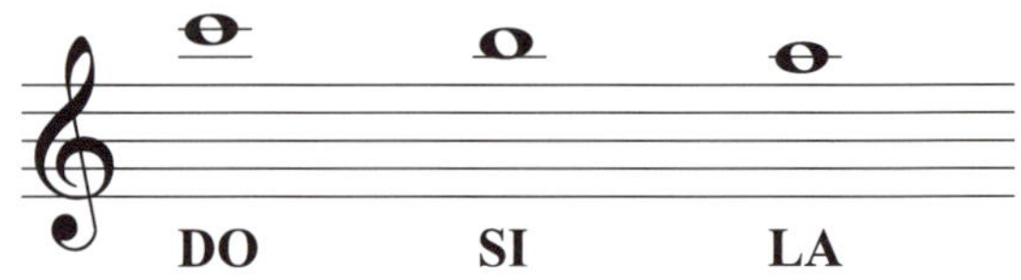

Variación del acorde de V7 en **posición cercana**.

Podemos usar RE en vez de SI como la nota más baja del acorde de V7 de 3 notas (el acorde completo es SOL-SI-RE-FA).

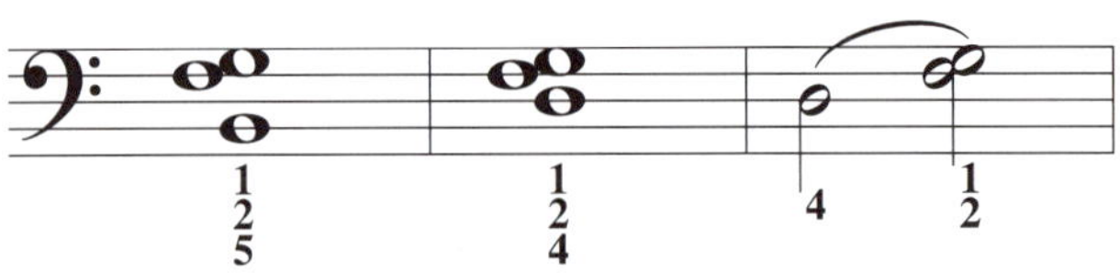

'O sole mio

Tonalidad de ___ mayor

Eduardo di Capua
(1864–1917, Italia)
adaptación

*Andante: caminando

DESCUBRIMIENTO

La forma musical de esta pieza es una sección **A**, seguida de una sección **A**[1].
Señala en la partitura cada sección. ¿Qué es lo que cambia en la sección **A**[1]?

Ritmo nuevo

- Marca estos ritmos mientras cuentas en voz alta.
- Cada tiempo se divide en dos partes: **1 y 2 y 3 y 4 - tro.**
- Luego toca los ritmos usando los acordes de **I, IV** y **V7** en **SOL mayor.**

Toca y di: *1 y 2 y 3 y 4 - tro*

NUEVO
Toca y di: *1 y 2 y 3 y 4 - tro*

Pajarito gris

Tonalidad de ___ mayor

Tradicional de Haití
adaptación

DESCUBRIMIENTO Transpón *Pajarito gris* a **DO mayor.**

Consejos para el uso del pedal

- Siempre manten el talón en el piso.
- El movimiento del pedal hacia ARRIBA debe ocurrir al tocar las teclas.
  El movimiento hacia ABAJO es inmeditamente *después*.
- Durante los silencios, mueve el dedo 3 de la M.I. a la siguiente tecla.

Pedaleando la escala
(para la M.I)

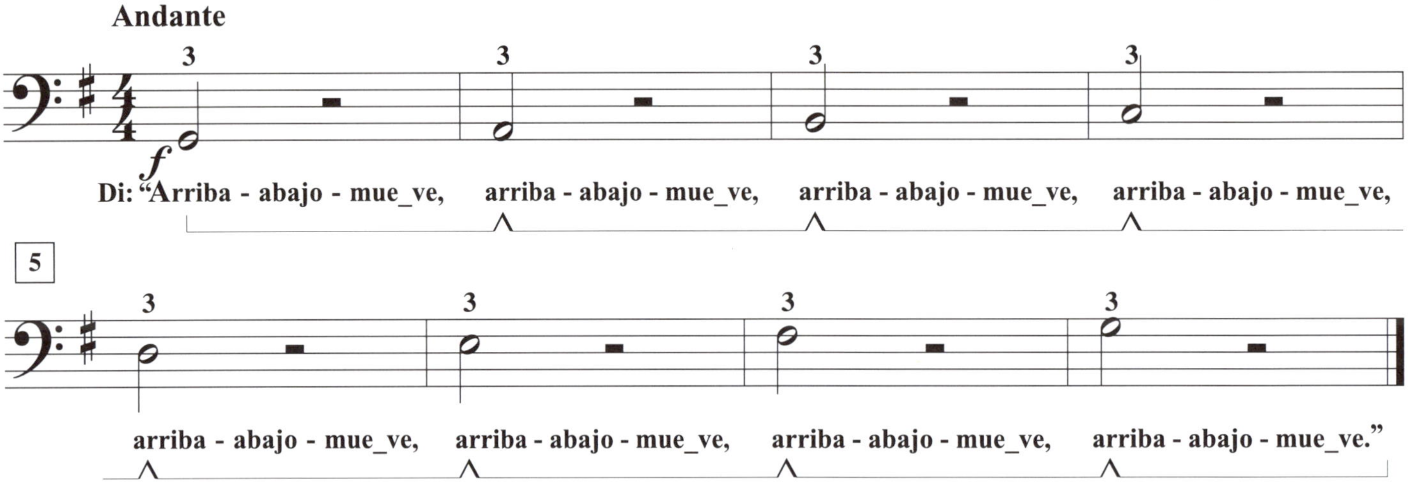

- Repite el ejercicio tocando con **ambas manos** (la M. D. toca *2 octavas más alto*).

Pedaleando intervalos
(para la M.I)

- Transpón *Pedaleando intervalos* a **DO mayor.**

Consejos técnicos

- Deja caer el peso del brazo en el **DO grave.**
  Luego eleva la muñeca para preparar el siguiente acorde.

- Toca los acordes cerca de las teclas, con las muñecas relajadas.

Pedaleando acordes

DESCUBRIMIENTO Transpón *Pedaleando acordes* a **SOL mayor.**

* **sus4** es la abreviatura de **4.ª suspendida.** El **acorde Csus4** usa la nota una 4.ª arriba de DO (FA) en vez de la 3.ª (MI). Para más información ver la p. 77 del *Libro 1.*

Lead sheet

Contiene una melodía y **cifrado** por encima del pentagrama.
El cifrado nos indica los acordes que debe tocar la mano izquierda (u otro instrumento).

En la música popular a menudo se usa este tipo de partituras.

- Toca la melodía sin pedal.
- Luego añade **acordes en bloque** en el *primer tiempo* de cada compás de acuerdo al cifrado (ver la página siguiente).

Nota: cuando no hay cifrado se repite el acorde del compás anterior.
No se toca ningún acorde en la anacrusa.

Canción de cuna

DO mayor

lead sheet

Johannes Brahms
(1833–1897, Alemania)

pianoadventures.lat/adulto

Tabla de acordes

■ Practica los acordes de *Canción de cuna*. La **fundamental** de cada acorde está en un círculo.

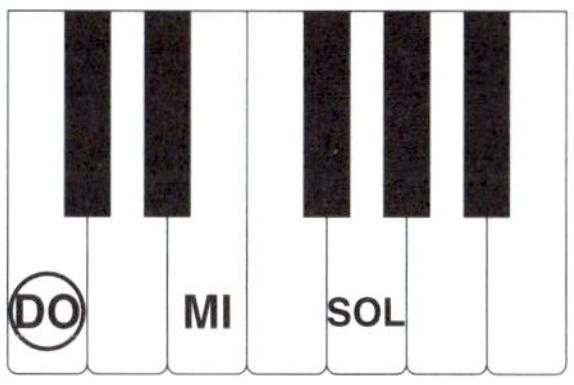

C

I

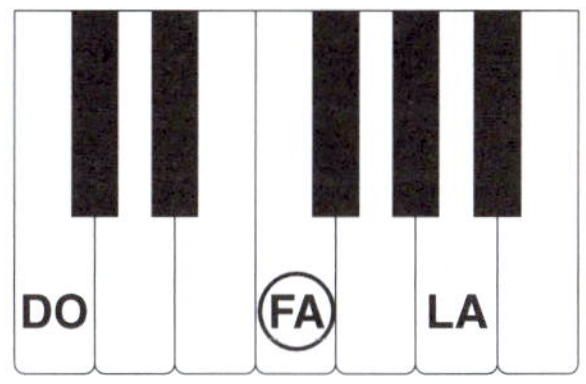

F

IV

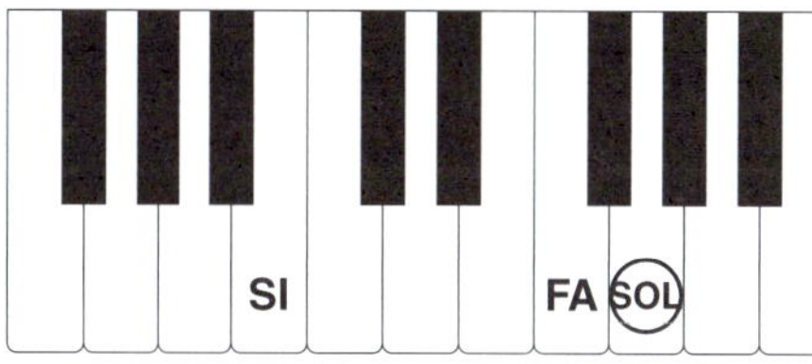

G7

V7

Acompañamiento de acordes quebrados

Acompañamiento: las notas o acordes que le dan soporte a la melodía.

Cuando puedas tocar cómodamente los **acordes en bloque**, prueba este patrón de acompañamiento en la M.I.

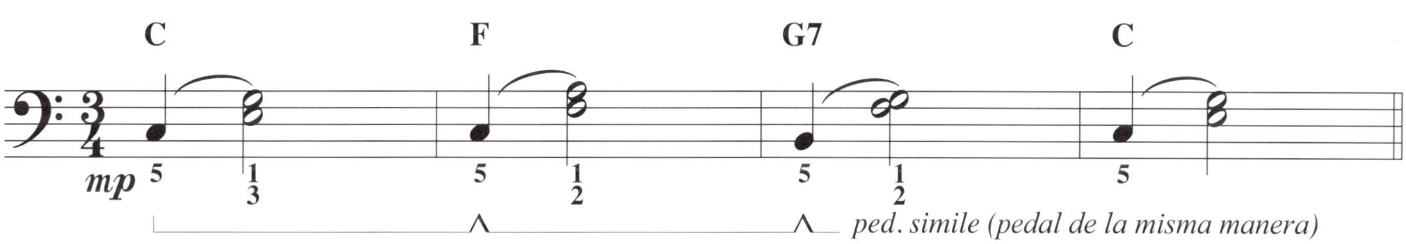

Ejemplo:

Escala de FA mayor

Escala de FA mayor

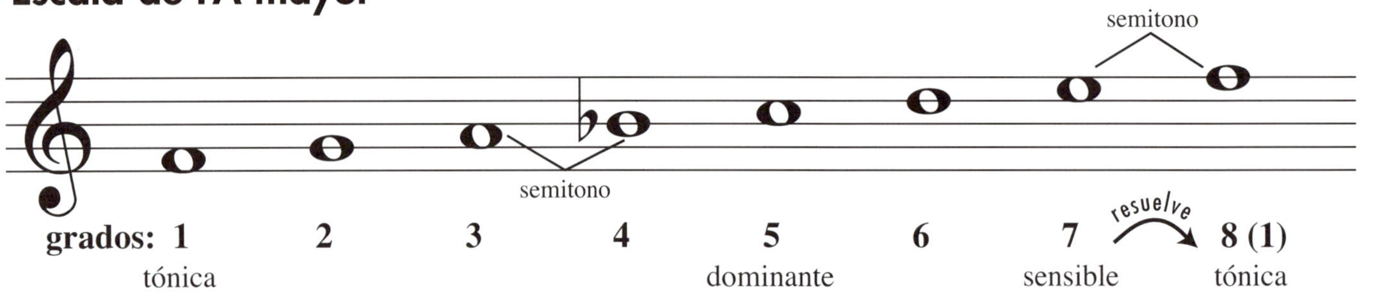

Repaso: una **escala mayor** está formada por **tonos,** excepto por los **semitonos** entre los *grados 3 - 4* y *7 - 8*.

Encuentra las siguientes notas en **FA mayor.**

- Primer grado, la **tónica (FA).**
- Quinto grado, la **dominante (DO).**
- Séptimo grado, **la sensible (MI).** Está un semitono debajo de FA.

Escucha y descubre

- Toca la escala de FA mayor con el dedo 3 de la M.D. Detente en la *sensible*. ¿Escuchas cómo la *sensible* quiere resolver subiendo a la *tónica* (FA)?
- Completa la escala tocando la tónica.

Armadura de FA mayor

Para formar el semitono entre los *grados 3-4*, el **SI** (grado 4) debe ser bemol (**SI♭**).

Dado que la escala de FA mayor tiene SI♭, las piezas escritas en **FA mayor** usarán SI♭ en vez de SI.

En vez de escribir un bemol antes de cada SI, se pone un bemol en la línea de SI al comienzo de cada pentagrama. Esto se llama **armadura.**

pianoadventures.lat/adulto

IEFF1334ES

Calentamiento: escala de FA mayor

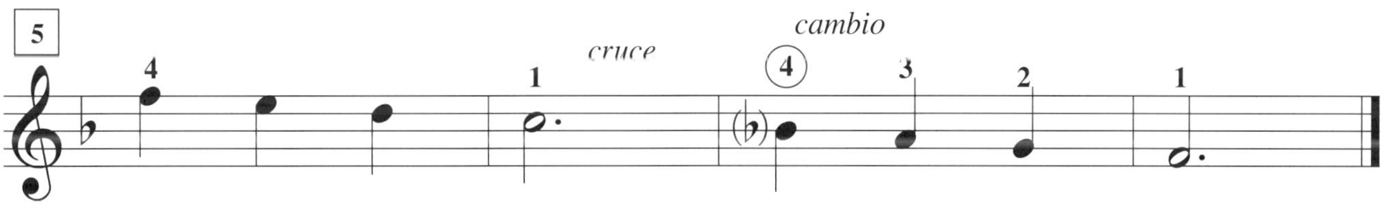

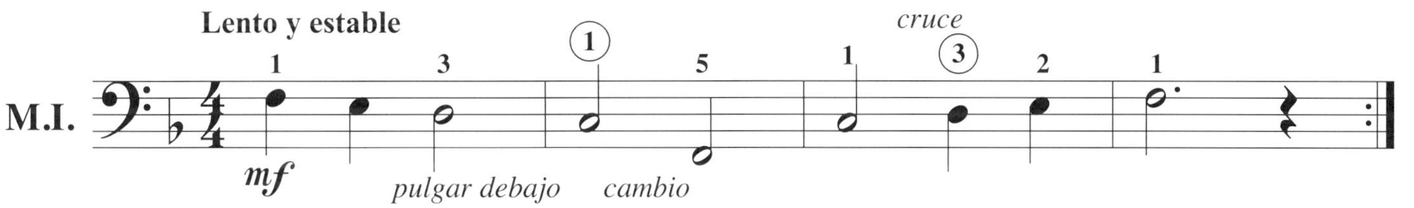

- Practica l-e-n-t-a-m-e-n-t-e. Escucha con atención para lograr un sonido uniforme.
- Memoriza la digitación de ambas manos.

Toca FA mayor

En la M.I. la digitación de las escalas de DO, SOL y FA mayor es la misma.

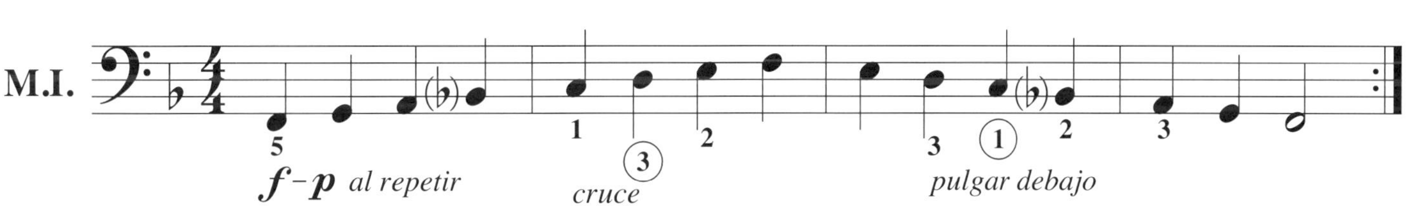

Práctica con metrónomo

Marca un ✓ cuando seas capaz de tocar la escala de FA con **manos separadas** en los siguientes tempos:

legato ♩ = 88 _____ *legato* ♩ = 112 _____ *legato* ♩ = 144 _____

staccato ♩ = 88 _____ *staccato* ♩ = 112 _____ *staccato* ♩ = 144 _____

Acordes básicos en FA mayor: I - IV - V7

Repaso: los acordes de **I, IV** y **V7** se construyen desde los *grados 1, 4* y *5*.

■ Toca estos acordes en POSICIÓN FUNDAMENTAL, como se muestra abajo.

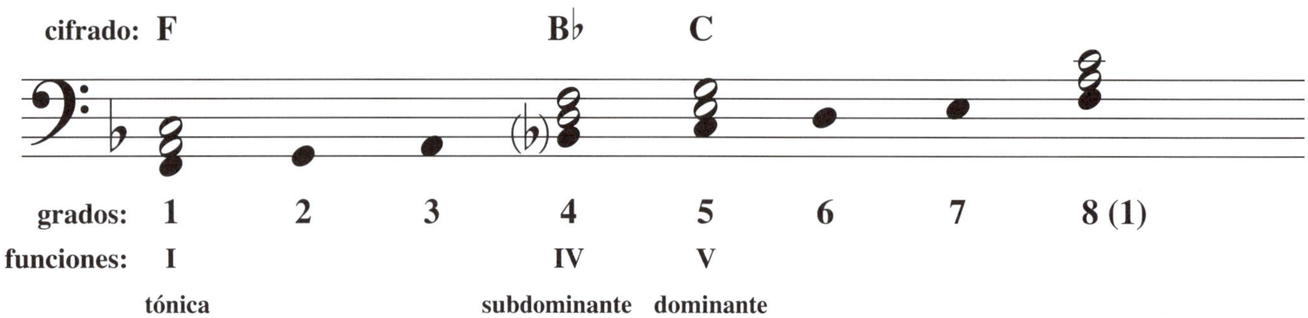

Inversión del acorde de IV: B♭

Repaso: el **acorde de IV** se puede *invertir.*

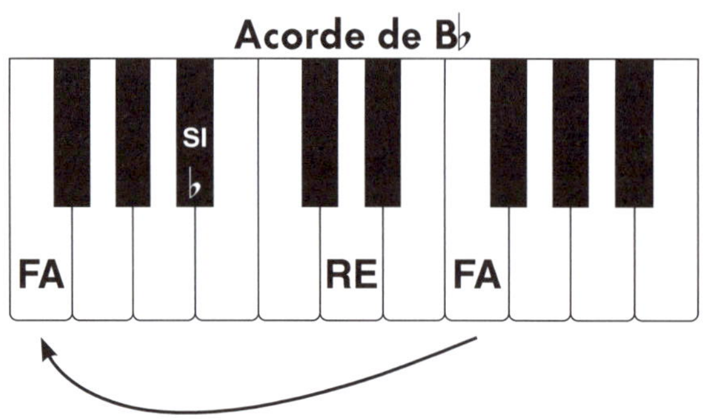

FA baja una octava.

FA mayor: acordes de I y IV en posición cercana

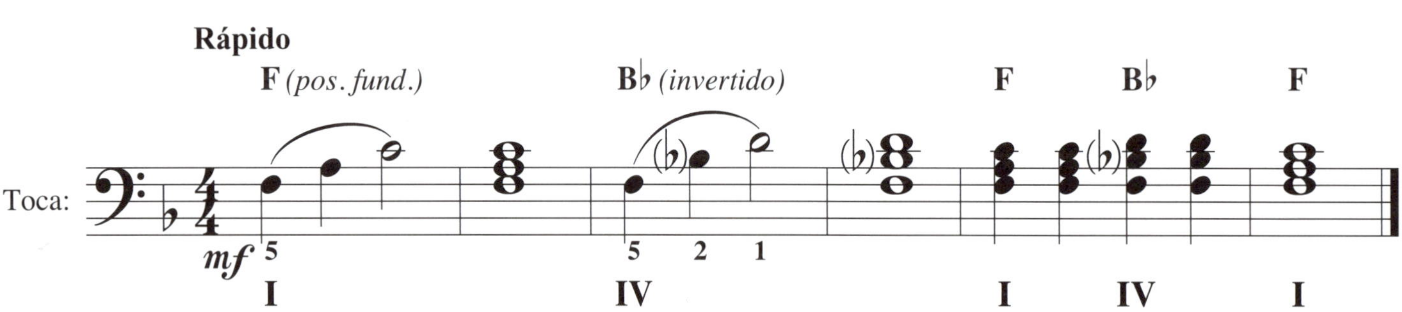

DESCUBRIMIENTO Dibuja marcas de pedal para el ejercicio de arriba.
Pista: el pedal cambia cada vez que cambia el acorde.

Acorde de V7 en FA mayor: C7

Un acorde de **7.ª** es un acorde de cuatro notas que se construye por 3.ªˢ. **C7: DO - MI - SOL - SI♭.**

Cuando la fundamental (DO) es la nota *más baja*, el acorde está en POSICIÓN FUNDAMENTAL.

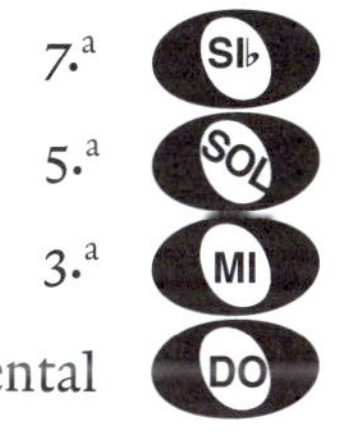

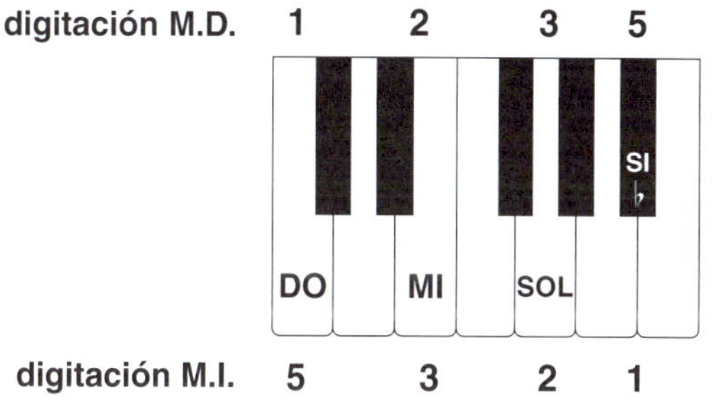

DO es el *quinto grado* (la dominante) en FA mayor.

El acorde de **C7** es el acorde de **V7** o **dominante con 7.ª** en FA mayor.

Inversión del acorde de V7: C7

El acrode de **V7** se puede *invertir*, omitiendo una nota.

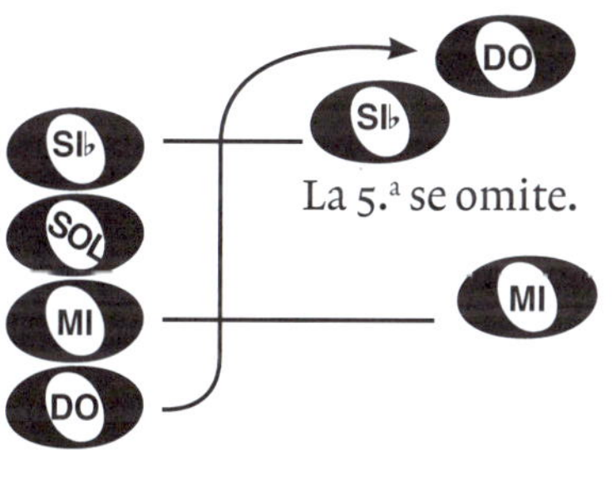

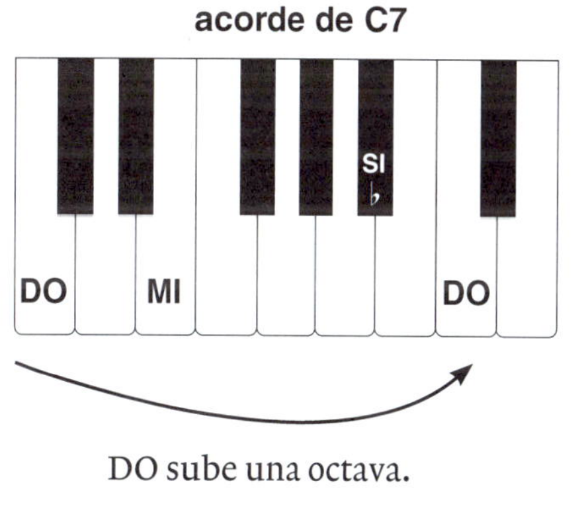

FA mayor: acordes de I, IV y V7 en posición cercana

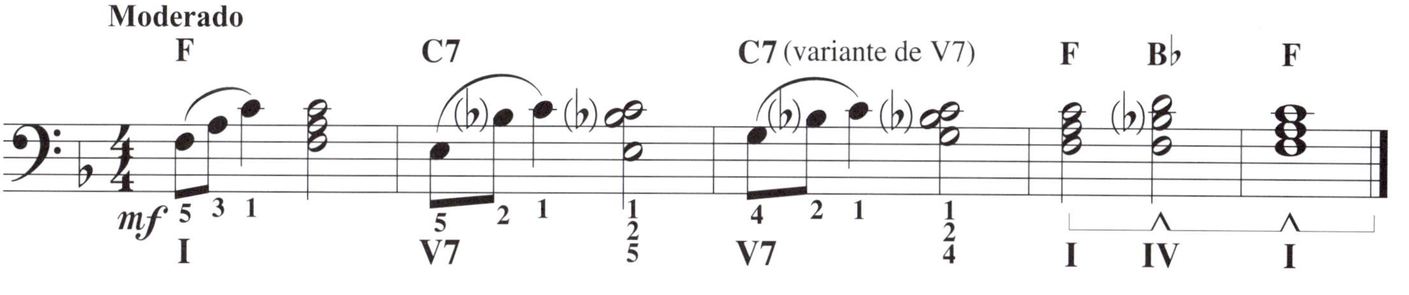

Frase

Una **frase** es una idea o pensamiento musical. A menudo las frases se muestran en la partitura con una ligadura, también llamada *ligadura de fraseo.*

Las frases nos muestran dónde respiraría un cantante. Los pianistas "respiramos" levantando suavemente la muñeca al final de cada frase.

La bamba

___ mayor

Tradicional

19
24
f
cambio
cambio
29
34
cambio
39
p
mp
46
mf
f

Motivo: una idea musical corta.

Imitación: la repetición inmediata de una idea musical en una "voz" diferente (puede ser en la otra mano o en una octava distinta).

Allegro en FA Mayor

Ferdinand Beyer
(1803-1863, Alemania)
versión original

En esta pieza la M.D. toca un motivo y la M.I. lo *imita*.

pianoadventures.lat/adulto

DESCUBRIMIENTO En los *compases 1-16,* escribe **I, IV,** o **V7** debajo del sistema de acuerdo a los acordes.

Ritmo de *swing*

En el *jazz* y el *blues* las **corcheas** se tocan con un patrón *largo-corto* que se conoce como **ritmo de *swing*.** Cuando la indicación de tempo incluye la palabra *"swing"*, toca las corcheas con este ritmo.

■ Marca el ritmo de abajo con *"swing"*. (Nota para el profesor: ♫ = ♩♪ en tresillo)

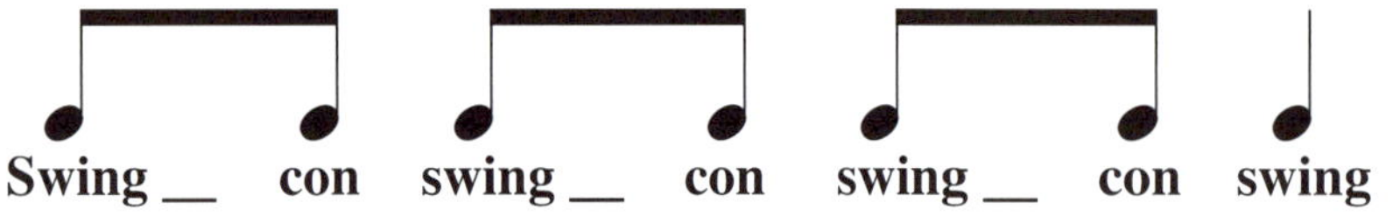

The Lion Sleeps Tonight

Letra y música de George David Weiss,
Hugo Peretti, Luigi Creatore y Solomon Linda.

11
might-y jun - gle, the li - on sleeps to - night.
peace-ful vil - lage, the li - on sleeps to - night.
In the jun - gle, the
Near the vil - lage, the
15
might-y jun - gle, the li - on sleeps to - night.
peace-ful vil - lage, the li - on sleeps to - night.
Wim-o-weh, o-wim-o-weh, o -
mp
19
wim - o - weh, o - wim - o - weh, o - wim - o - weh, o - wim - o - weh, o - wim - o - weh, o - wim - o - weh.
22
Whuh, whuh, whuh, wim - o-weh.
mf
26
Wee ooh wim - o-weh.
rit.
p

Consejos para la escala de FA mayor

Ambos pulgares tocan en DO.

- Primero toca l-e-n-t-a-m-e-n-t-e, concentrándote en las **digitaciones** y **matices.**
- Con los dedos firmes, toca las corcheas uniformemente y controla los < y >.

Estudio de la escala de FA

(Op. 101)

Ferdinand Beyer
versión original

- Opcional: toca el *Estudio de la escala de FA* con **ritmo de *swing*.**

pianoadventures.lat/adulto

Rotación

Con la M.D., haz el movimiento de girar una llave.
A este movimiento le llamamos **rotación.**

- Practica solo la M.D. sola usando **rotación.**
- Luego toca con ambas manos.

Piruetas de acordes

El *Aire de Londonderry* es una melodía folclórica irlandesa del siglo XVII. Se le han adaptado muchas letras. Con su carácter triste y dolorido, comúnmente interpretada con gaitas, ha sonado en el funeral de John F. Kennedy, así como en ceremonias para honrar a policías y bomberos caídos heroicamente.

Instrucciones

- Primero toca solo la melodía, cuidando las digitaciones.
- Luego añade **acordes en bloque** con la M. I. en el *primer tiempo* de cada compás, de acuerdo al cifrado (ver la página siguiente).

Observa que no hay ningún acorde en la *anacrusa*.

Aire de Londonderry

Tonalidad de FA mayor

lead sheet

Tradicional de Irlanda

*Eleva el pulgar de la M. I. (del acorde de B♭) para poder tocar el RE de la melodía.

Tabla de acordes

Practica los acordes de *Aire de Londonderry.*

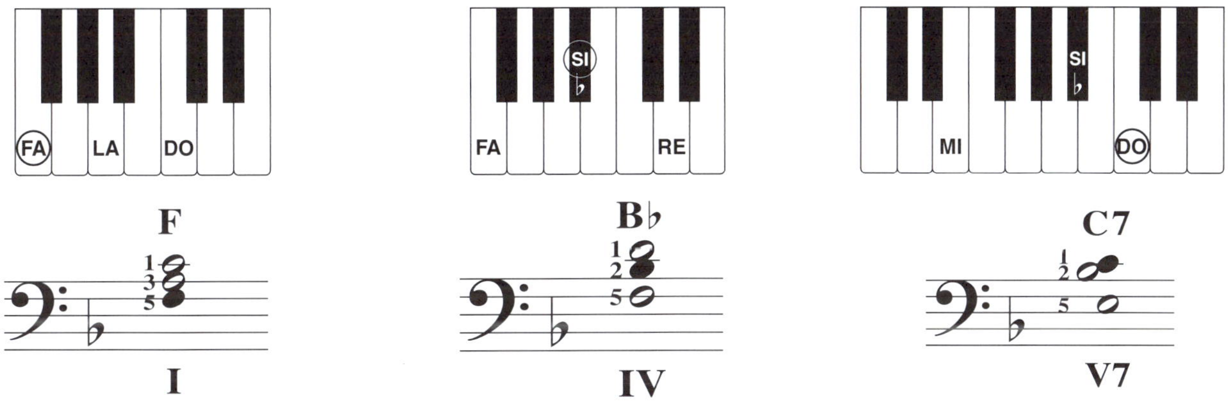

Acompañamiento de 5.as quebradas

Cuando puedas tocar cómodamente los **acordes en bloque**, prueba este patrón de acompañamiento en la M.I.

Nota: el acompañamiento comienza después de la anacrusa (MI-FA-SOL). Usa pedal.

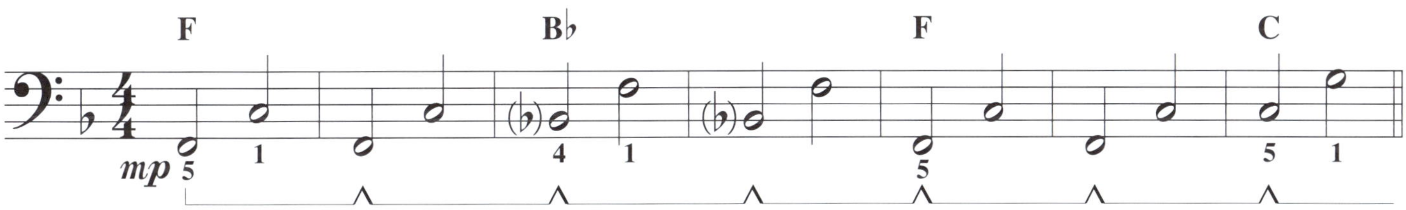

Ejemplo:

Tríadas mayores y menores

3.ªˢ mayores y menores

Una **3.ª mayor (3M)** = 4 semitonos (o dos tonos enteros).

■ Encuentra y toca estas **3.ªˢ mayores:**

3.ª mayor hacia arriba de **RE:** ___

3.ª mayor hacia arriba de **FA:** ___

Una **3.ª menor (3m)** = 3 semitonos (o tono y medio).

■ Encuentra y toca estas **3.ªˢ menores:**

3.ª menor hacia arriba de **SOL:** ___

3.ª menor hacia arriba de **MI:** ___

Repaso: una tríada es un acorde de 3 notas construido por 3.ªˢ.

Una tríada *mayor* tiene una **3M** entre la fundamental y la 3.ª.

Una tríada *menor* tiene una **3m** entre la fundamental y la 3.ª.

Tríadas mayores y menores

Moderadamente rápido

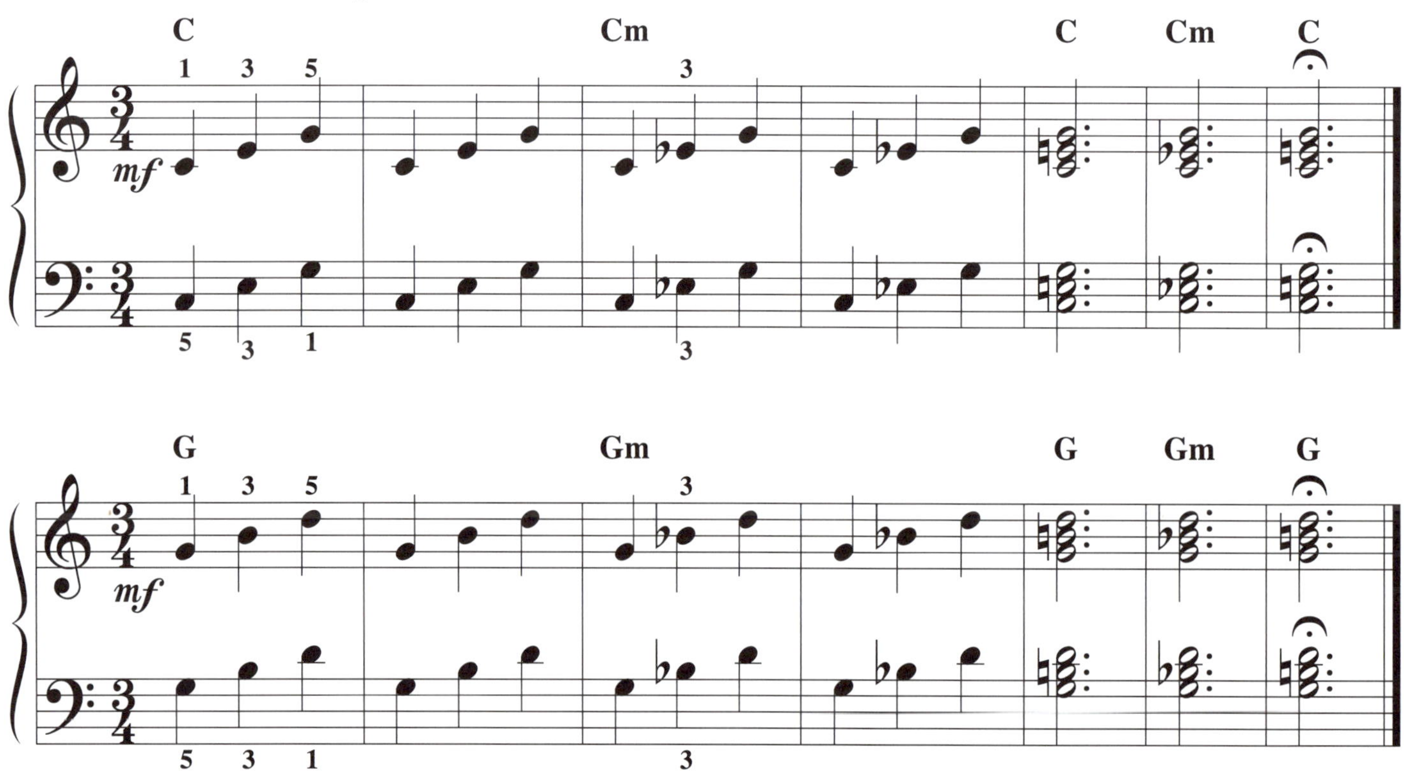

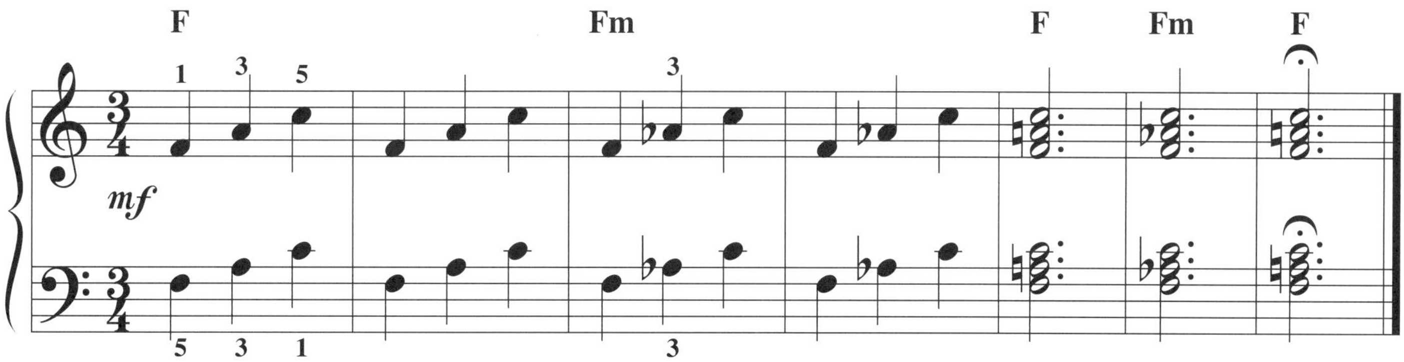

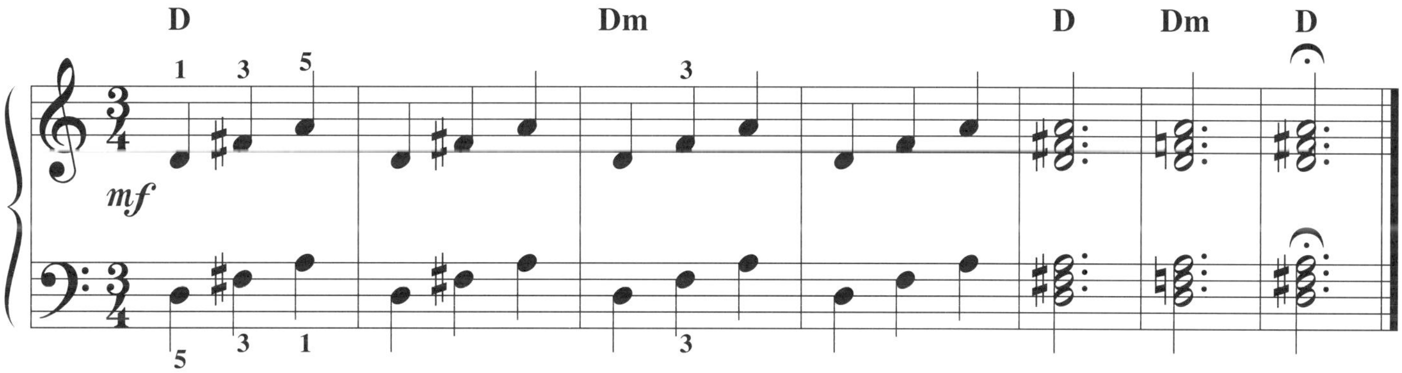

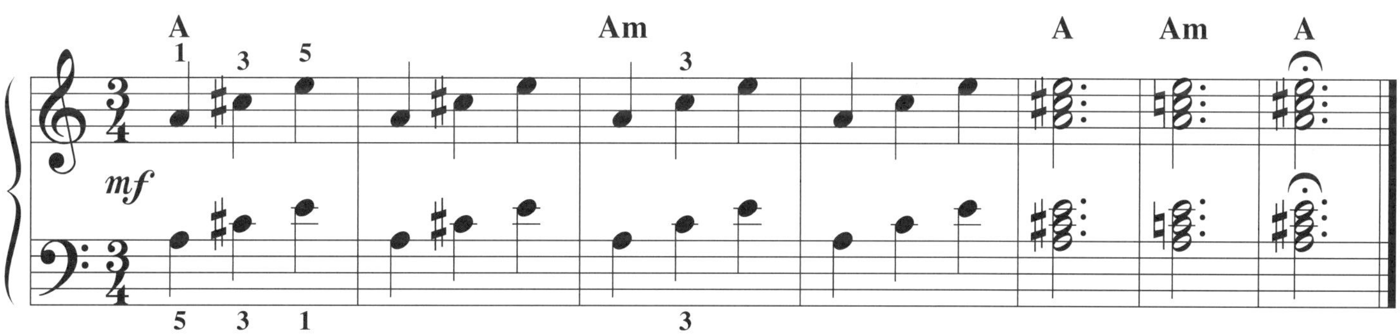

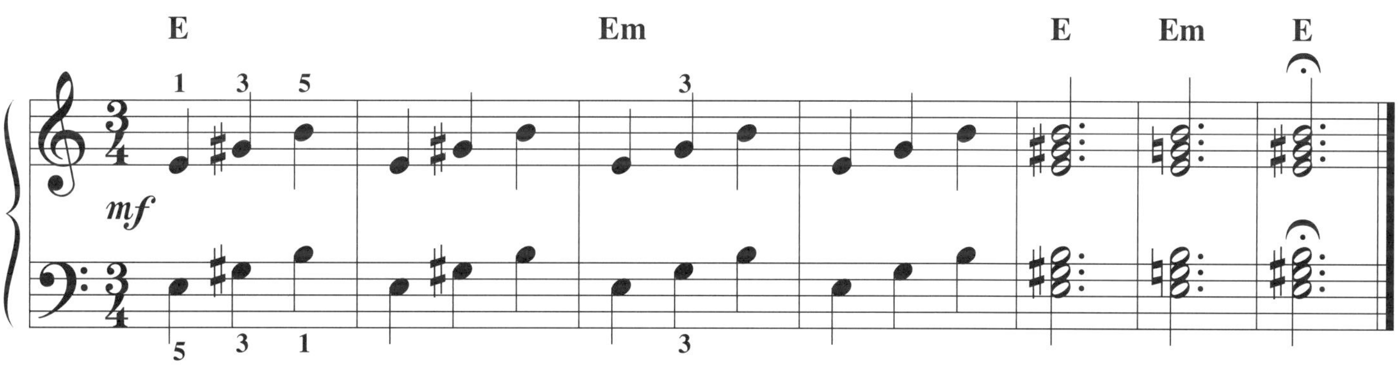

■ Continúa este patrón de acordes **mayores** y **menores.** *

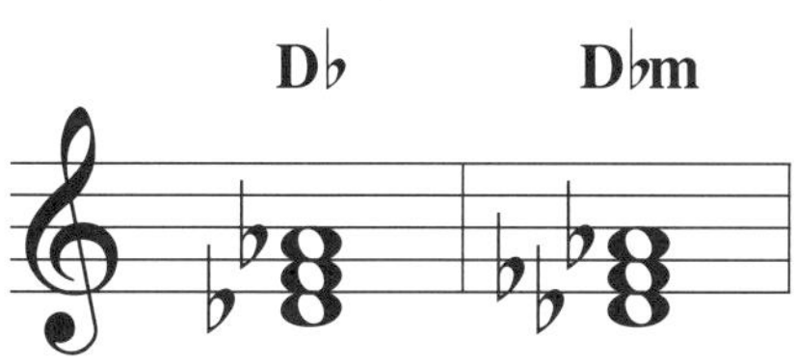

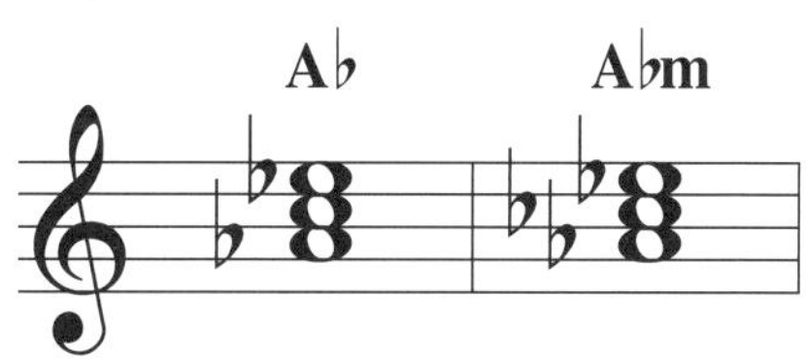

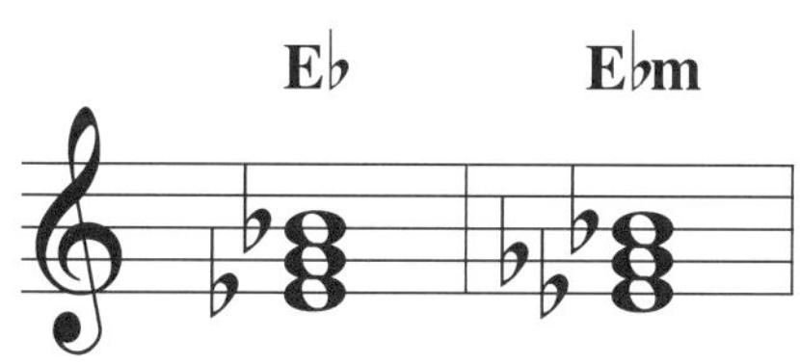

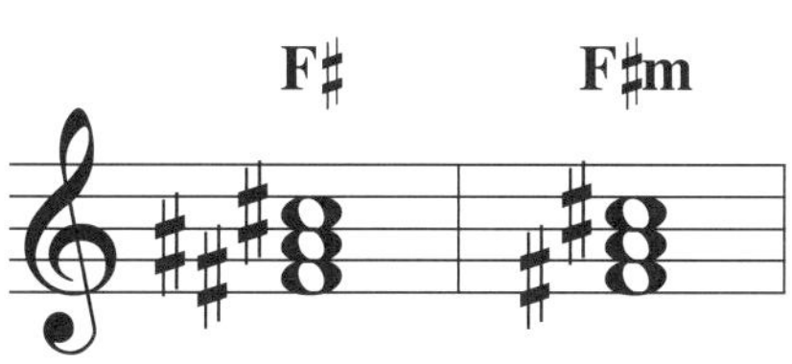

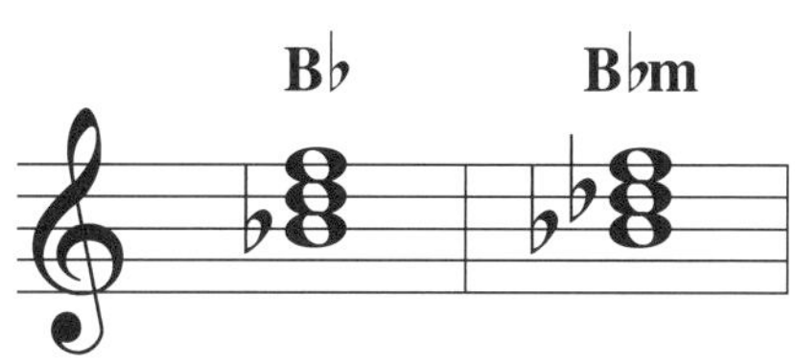

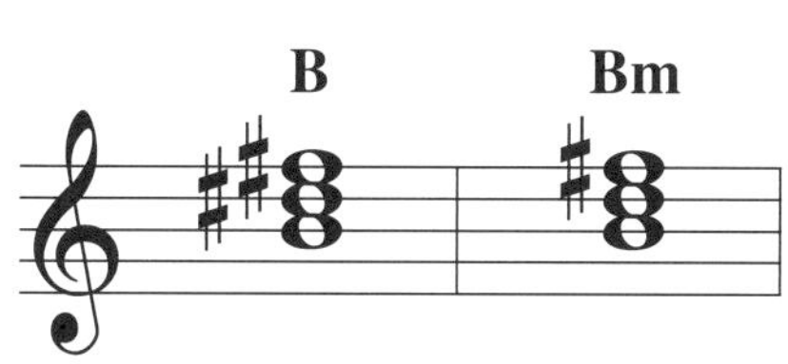

* Compara los patrones de teclas blancas/negras de los acordes de RE, LA, MI y RE♭, LA♭ y MI♭.

Las malagueñas son danzas españolas en tempos ternarios rápidos.
Se originan en Málaga y usualmente se acompañan con guitarras y castañuelas.

■ Escribe el cifrado de cada acorde en el recuadro.
Recuerda indicar menor con una "m" minúscula.

Malagueña

Tradicional de España
adaptación

Ej.

pianoadventures.lat/adulto

IEFF1334ES

17
Repite desde
el compás 13.
21
mp
25
mf
29
f
mf
34
M.D.
(LA)
cruza la M.I.
M.I.
f

Tríadas de la escala de DO mayor

Acordes básicos: en las tonalidades mayores, los acordes de **I, IV** y **V** son tríadas **mayores.**

Acordes secundarios: en las tonalidades mayores los acordes de **ii, iii** y **vi** son tríadas **menores.**

- Toca las siguientes tradas y escucha la diferencia entre los sonidos *mayores* y *menores.*
  Nota: el acorde de **vii** no es ni mayor ni menor. Es *disminuído*, formado por dos 3.as menores.
  Estos se señalan con el símbolo ° en su función y con las letras "dim" en el cifrado.

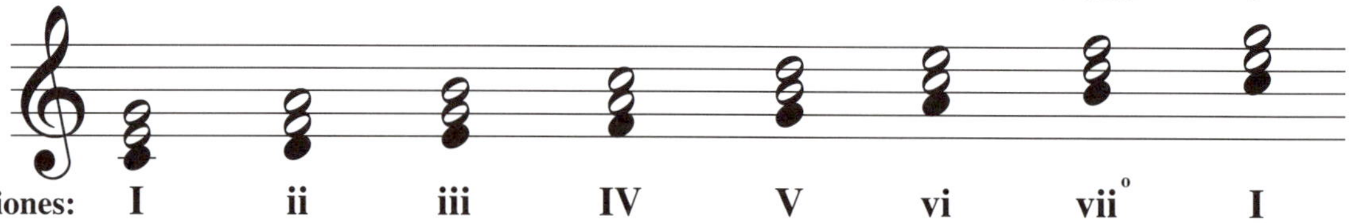

cifrado:	**C**	**Dm**	**Em**	**F**	**G**	**Am**	**Bdim**	**C**
funciones:	**I**	**ii**	**iii**	**IV**	**V**	**vi**	**vii°**	**I**
tipo de acorde:	**mayor**	**menor**	**menor**	**mayor**	**mayor**	**menor**	**disminuído**	**mayor**

Hace mucho, mucho tiempo

____ mayor

Letra y música de
Thomas H. Bayly

5
C Dm Em F
mf
I ii iii IV
7
Dm G C Dm C
ii V I ii I
9
f
p
12
C Dm Em F
mp
I ii iii IV
15
Dm G C Dm C
p
ii V I ii I

Consejos técnicos para tocar los acordes

Para obtener un sonido lleno y profundo en los acordes, amortigua el peso de tus brazos con un ligero movimiento *abajo-arriba* de las muñecas.

Al tocar cada acorde, deja que tus muñecas se hundan un poco para luego regresar a su posición. Las flechas indican este movimiento *abajo-arriba*.

Pista: comienza con los pulgares recostados *sobre el lado de la uña.*

■ Practica y memoriza las triadas de abajo.

Tríadas mayores

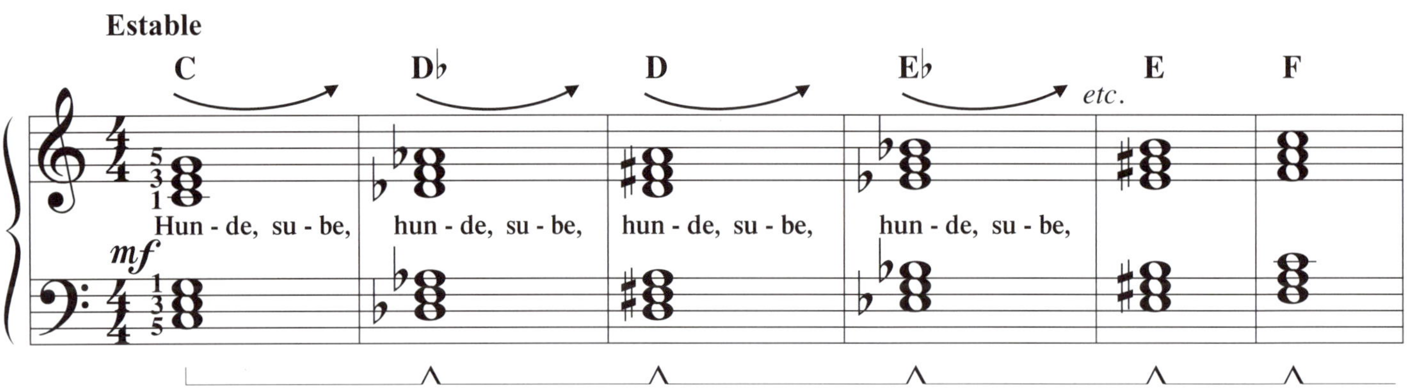

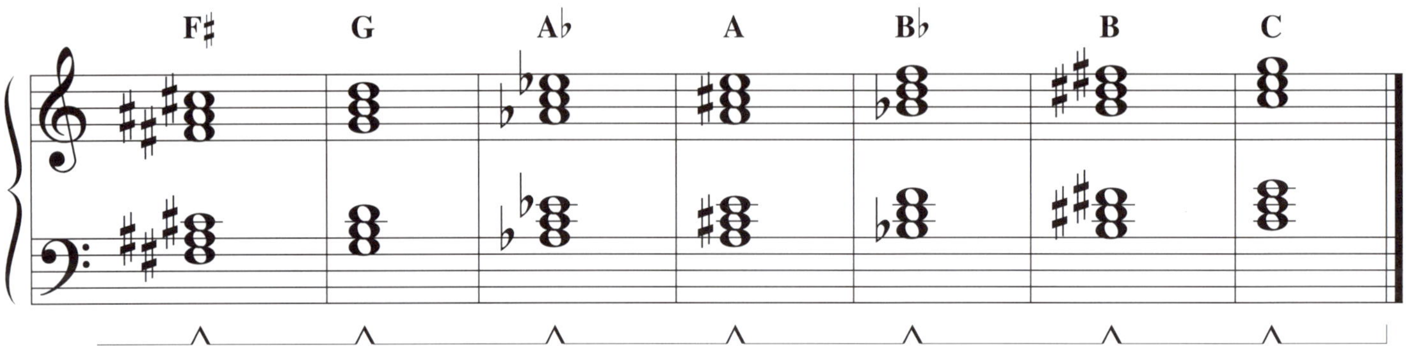

■ Toca las *variaciones* de este ejercicio siguiendo los dos patrones siguientes:

Variación 1: acordes quebrados

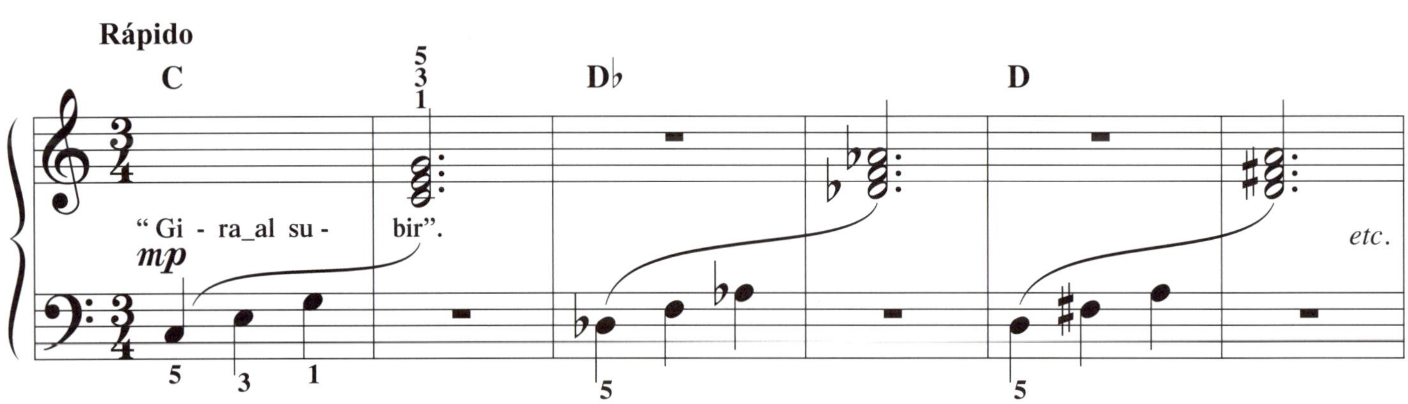

Sigue tocando el patrón, subiendo por semitonos (MI♭-MI-FA-FA♯-SOL-LA♭-LA-SI♭-SI-DO).

Variación 2: octavas en la M.I.

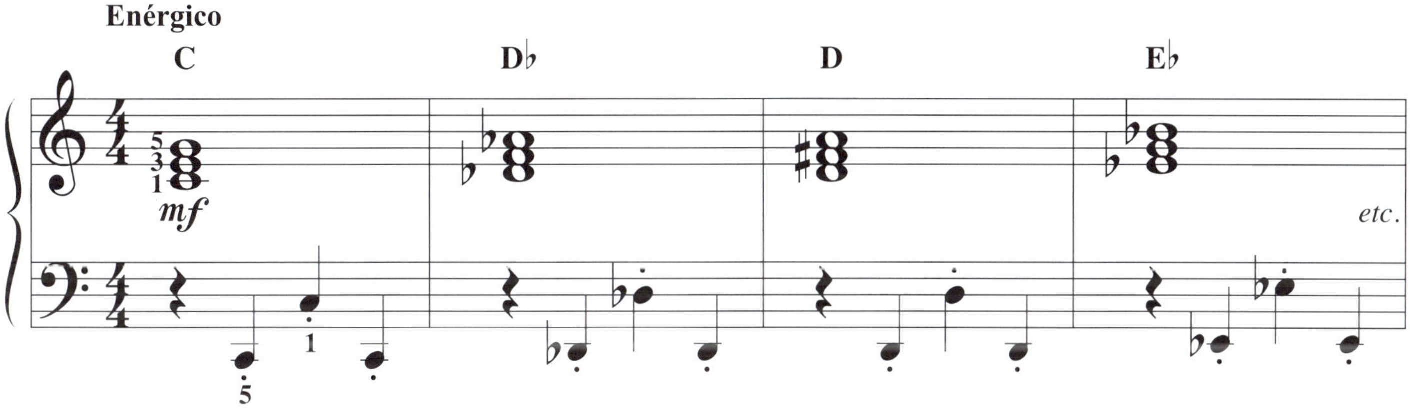

Continúa el patrón subiendo por semitonos.

■ Practica y memoriza las siguientes tríadas *menores.*
Luego toca las dos variaciones usando tríadas *menores.*

Tríadas menores

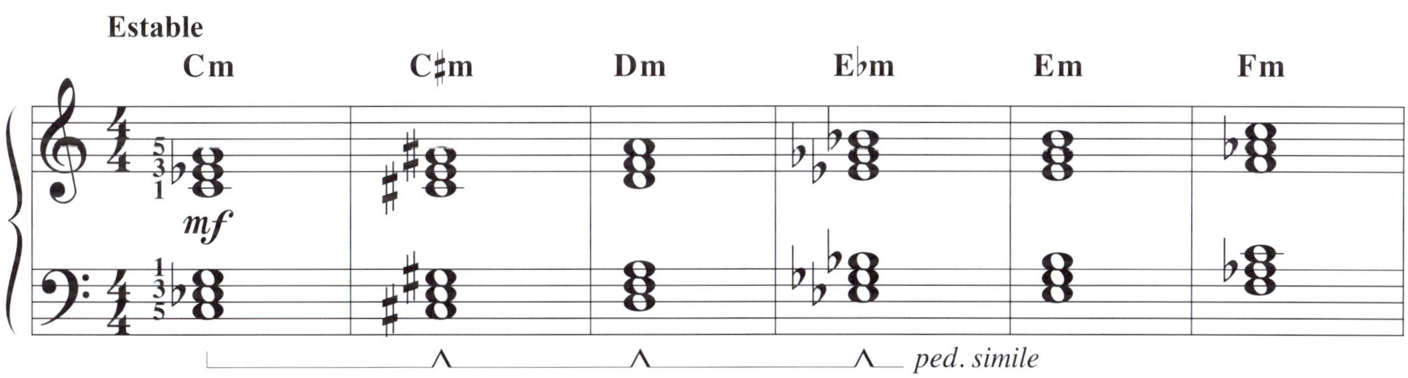

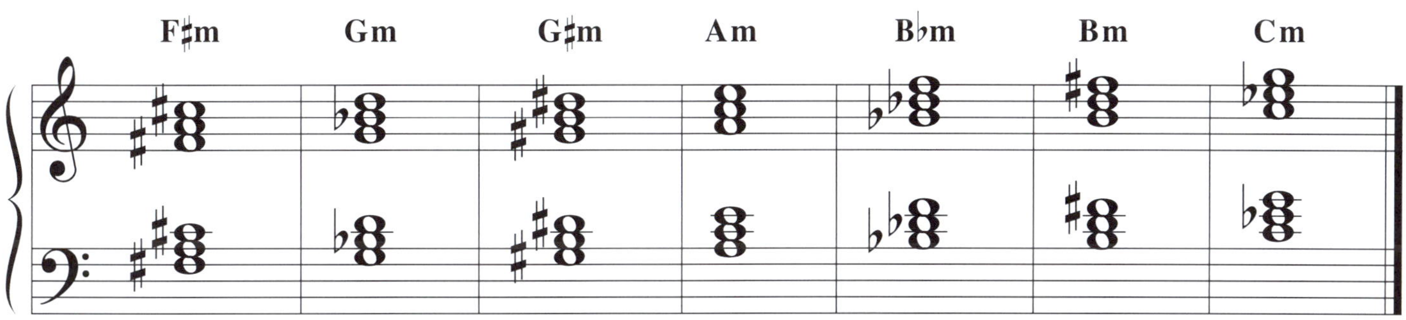

Instrucciones

- Primero toca la melodía con pedal.
  Mantén las muñecas relajadas y flexibles.

- Luego añade acordes en **posición fundamental** con la M.I. en el *primer tiempo* de cada compás (mira la tabla de acordes en la siguiente página).

Fiesta

FA mayor
lead sheet

Tradicional de Brasil

pianoadventures.lat/adulto

IEFF1334ES

Tabla de acordes

Practica los acordes de *Fiesta.*

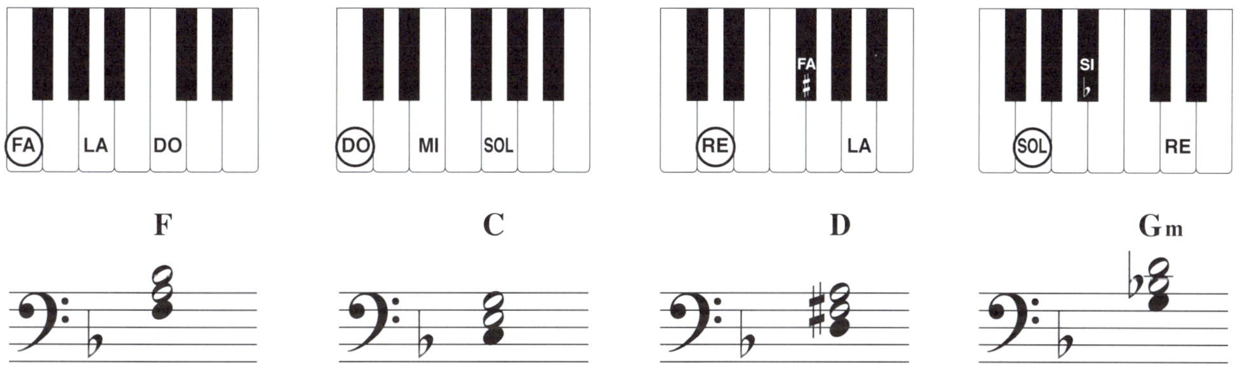

Acompañamiento de acordes quebrados

Cuando puedas tocar cómodamente los **acordes en bloque**, prueba este patron de acompañamiento.

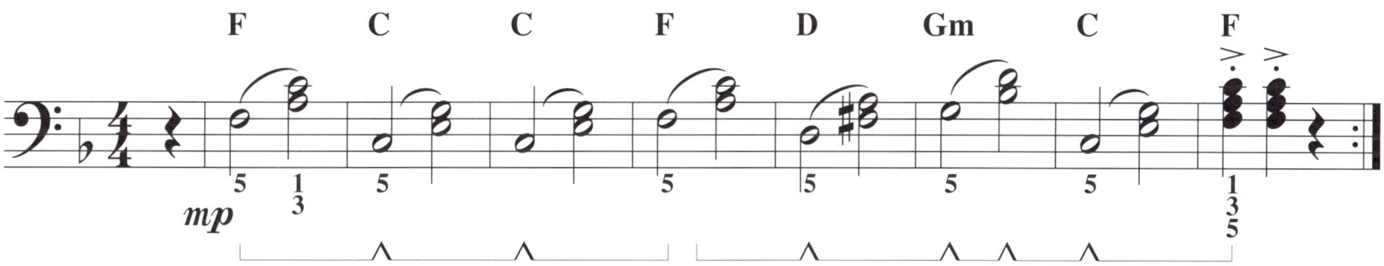

Ejemplo:

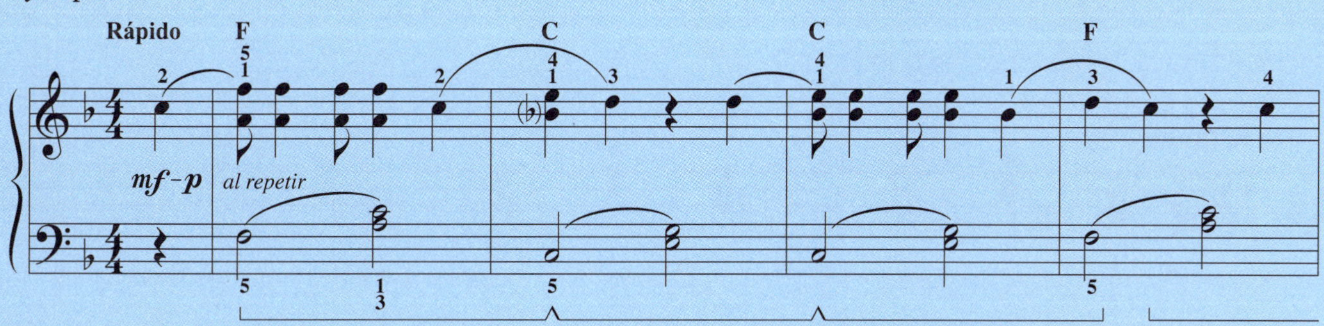

unidad **5**

Tríadas en inversión

Posición fundamental

Las tres notas de una tríada son la **fundamental**, la **3.ª** y la **5.ª**.

Cuando la **fundamental** es la nota *más baja*, el acorde está en posisción fundamental.

1.ª inversión

Una tríada se puede *invertir.* Las notas siguen siendo las mismas.

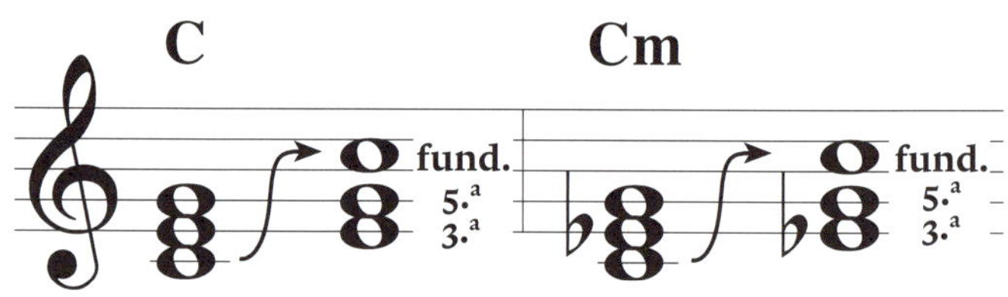

Cuando la 3.ª es la nota *más baja,* el acorde está en 1.ª INVERSIÓN.

Observa que se forma una **4.ª** (SOL a DO). La fundamental es la nota *superior* de la 4.ª.

Calentamiento para la posición de la mano

- Abre la M.D., extendiendo entre el pulgar y el dedo 2.
- Mantén los dedos 2-3-4-5 juntos y la mano ligeramente redonda. Esta es la forma de la mano para la 1.ª inversión.

Ejercicio de 1.ª inversión

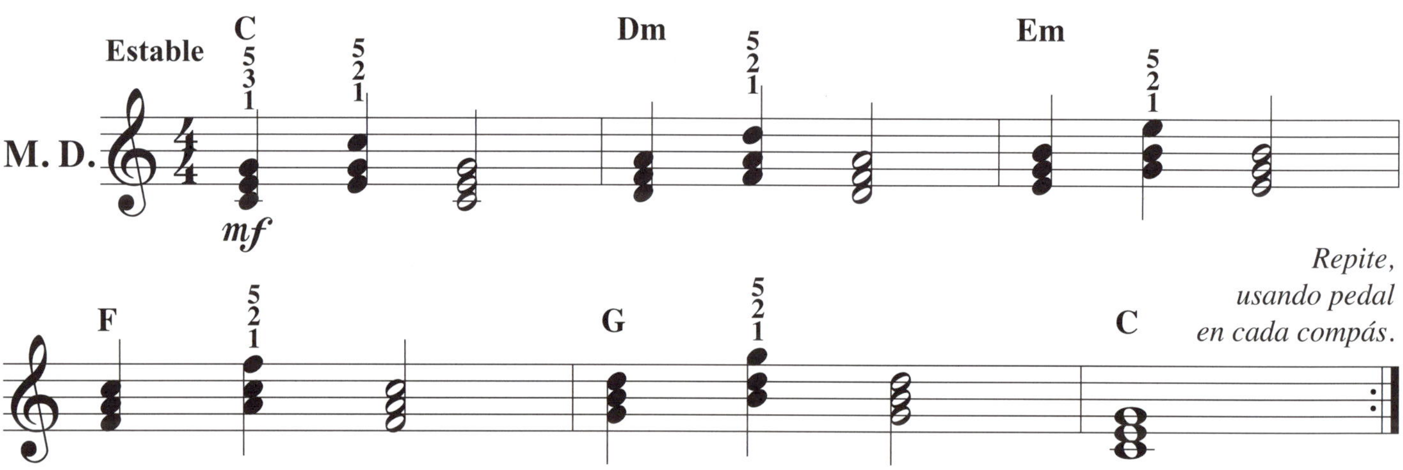

Repite, usando pedal en cada compás.

- Repite el *Ejercicio de 1.ª inversión* con la M.I.

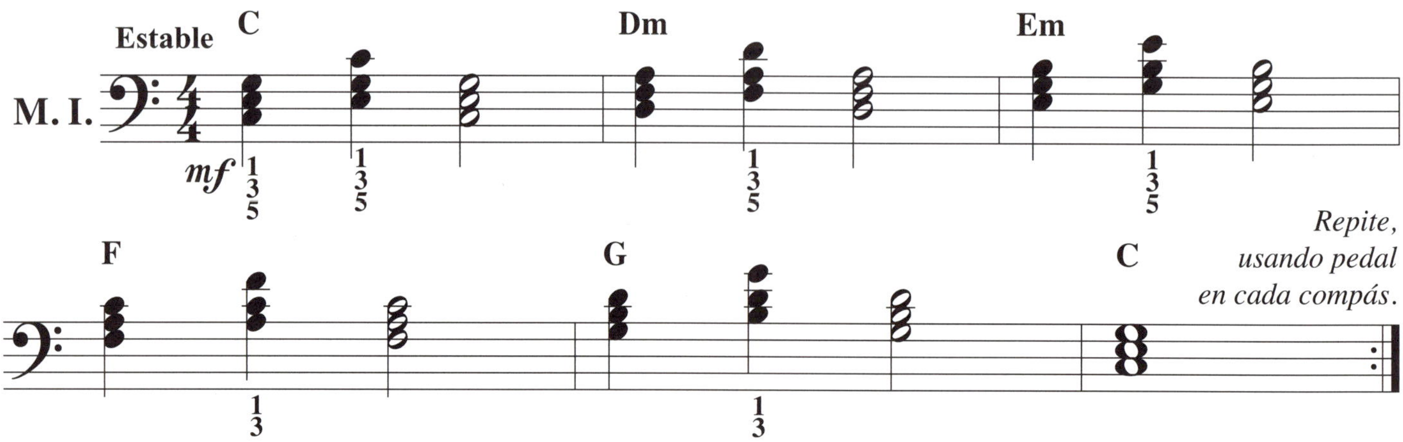

Repite, usando pedal en cada compás.

En *Campanas de Westminster*, la mano derecha toca la melodía con **tríadas en 1.ª inversión.**

■ Como preparación, toca los primeros compases usando solo **6.as**.

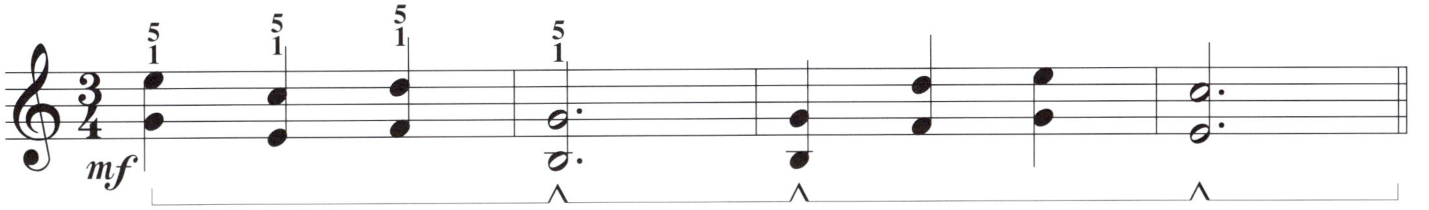

Consejos técnicos

■ Mantén la mano derecha con el "molde" de la tríada en 1.ª inversión.

■ Mantén tu muñeca relajada y flexible.

Campanas de Westminster

Lento y alegre (♩ = 66-72)

Tradicional de Inglaterra

DESCUBRIMIENTO Intenta tocar la pieza con la M.D. una octava *más alto.* ¡*Escucha* el sonido resonante!

Tres posiciones de las tríadas

Cada tríada tiene tres posibles posiciones: **posición fundamental, 1.ª inversión** y **2.ª inversión.** Toca las 3 posiciones de la tríada de DO mayor. *Escucha* cómo suenan.

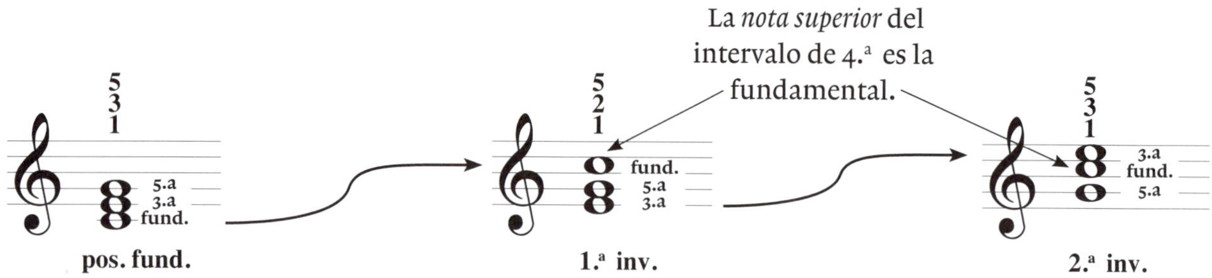

La **fundamental** es la nota más baja.

La **3.ª** es la nota más baja.

La **5.ª** es la nota más baja.

Ejercicio de 2.ª inversión

■ Observa la digitación de la M.D.

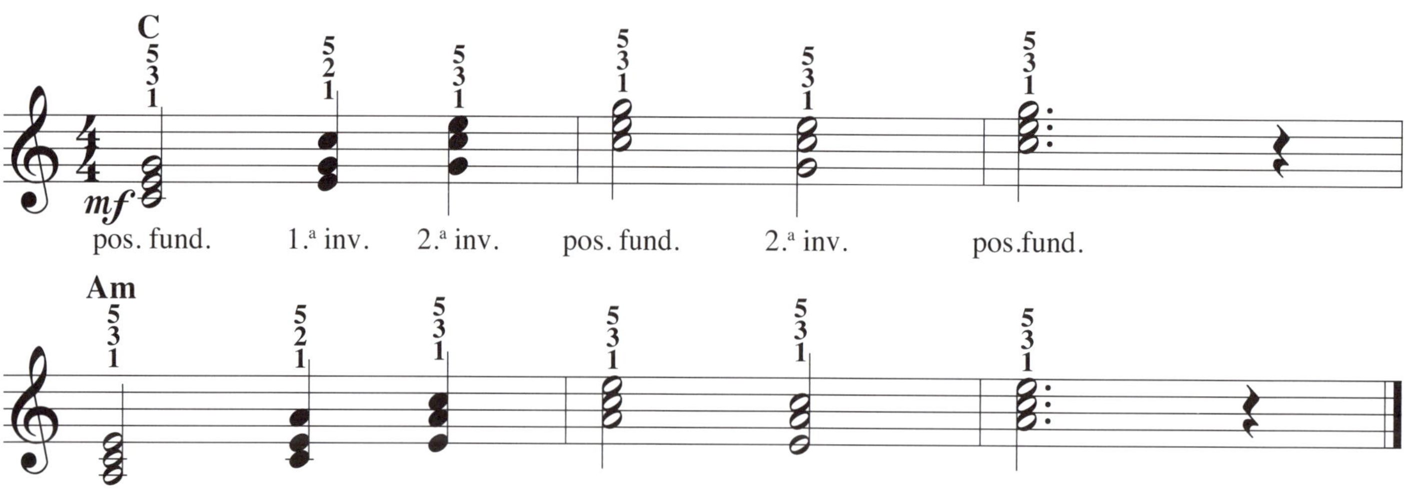

■ Observa la digitación de la M.I.

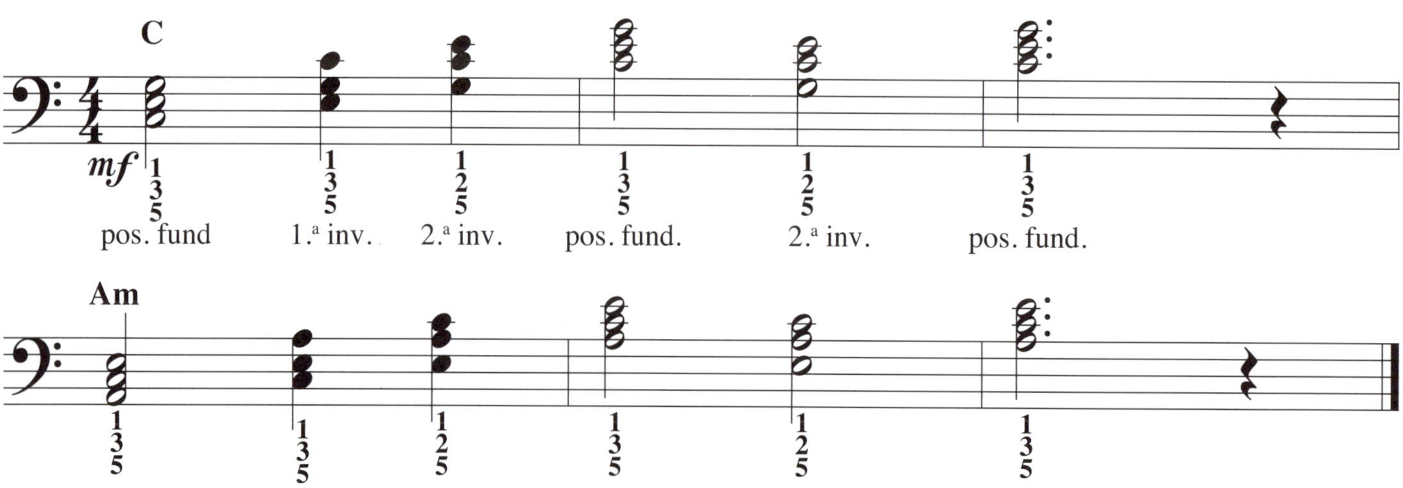

DESCUBRIMIENTO Toca el *Ejercicio de 2.ª inversión* usando las tríadas de **FA mayor** y **RE menor.**

La gavota es una danza francesa del siglo XVII. Se baila a velocidad moderada en compás de $\frac{4}{4}$.

Gavota

Benjamin Carr
(1768-1831, EE.UU.)
versión original

Moderato

DESCUBRIMIENTO ¿Qué inversiones se usan en la M.D. en los *compases 1-2*?

Campana sobre campana

Tradicional de España

Moderato

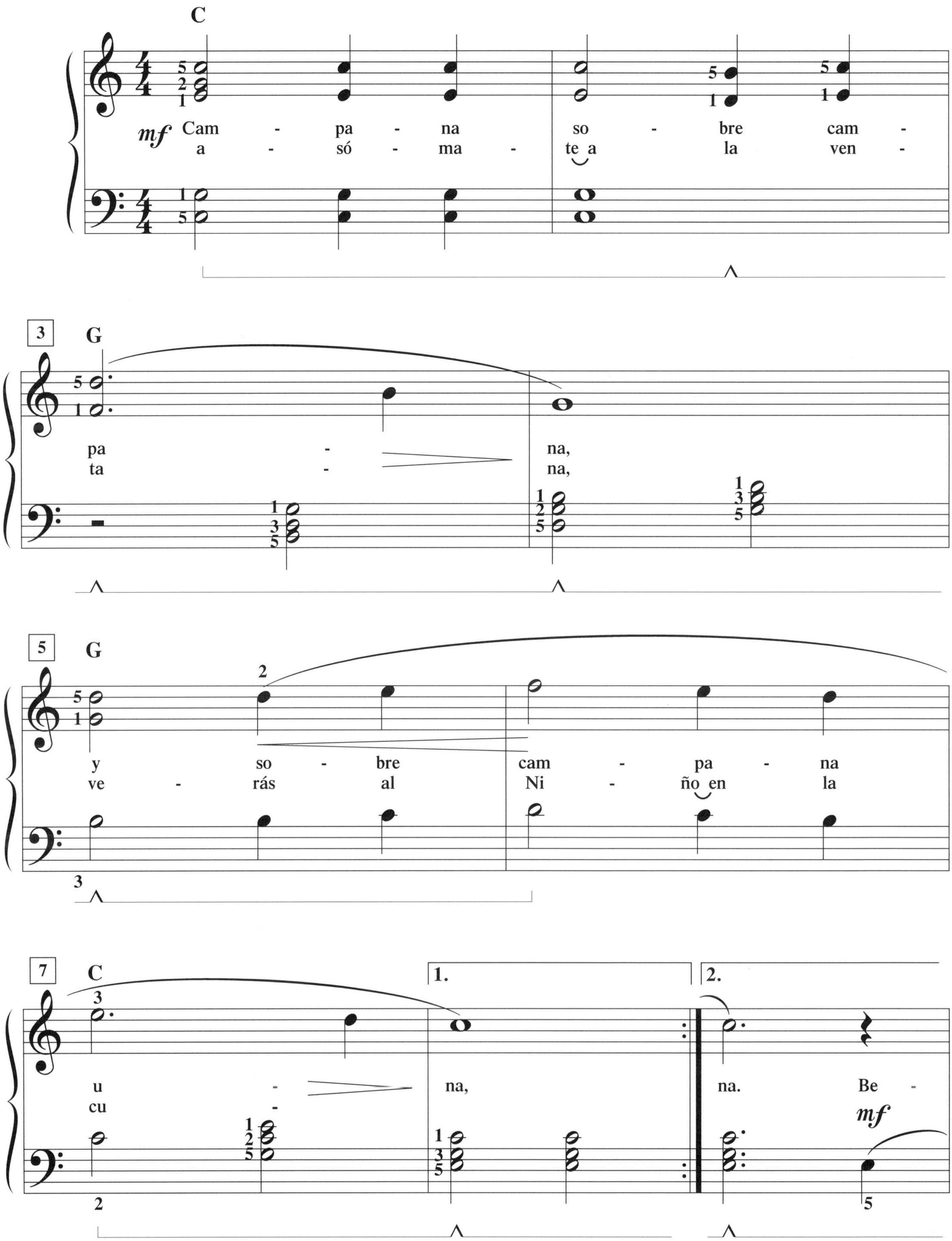

pianoadventures.lat/adulto

DESCUBRIMIENTO Encuentra una sección donde la M.I. toca la melodía. ¿Cuántos compases comprende?

Consejo técnico

- Lanza el pulgar de tu M. D. en cada nota *acentuada.*

Repaso: este movimiento de girar la muñeca se llama **rotación.**
Mantén los dedos 5 y 2 cerca de las teclas.

Lanzando el pulgar

(1.ª inversión en la M.D.)

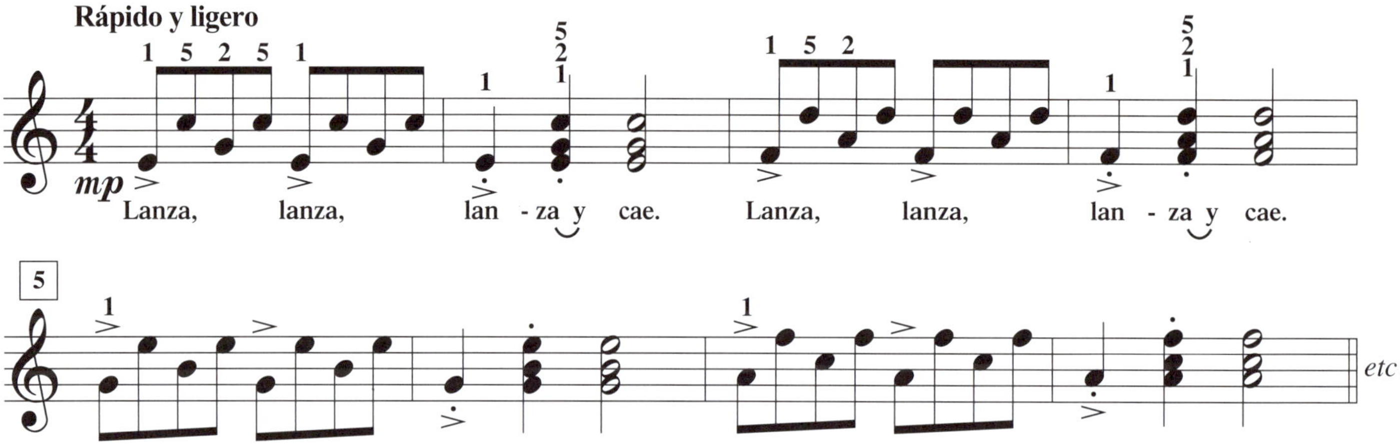

Continúa este patrón de 1.ª inversión comenzando en SI, DO, RE y MI.

Consejo técnico

- Lanza el dedo 5 de tu M. I. en cada nota *acentuada* usando la **rotación.**
  Mantén los dedos 1 y 3 cerca de las teclas.

Lanzando el pulgar

(1.ª inversión en la M.I.)

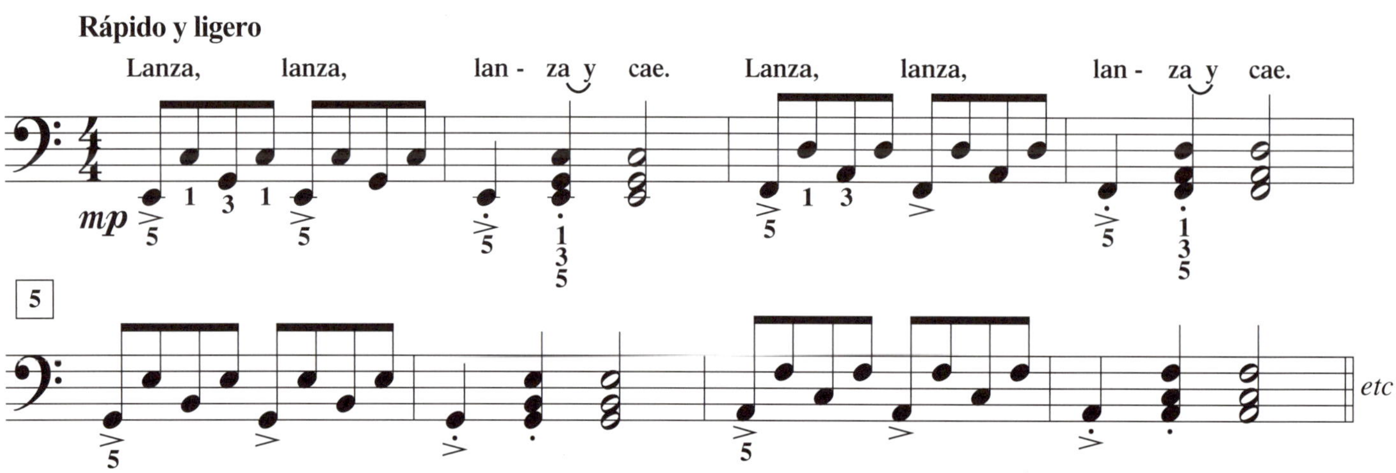

Continúa este patrón de 1.ª inversión comenzando en SI, DO, RE y MI.

Repaso de la posición de la mano

- Para tocar inversiones, la mano se abre extendiendo la distancia entre el pulgar y el *dedo 2*. Los dedos 2-3-4-5 permanecen juntos.

Amanecer

(1.ª y 2.ª inversión en la M.D.)

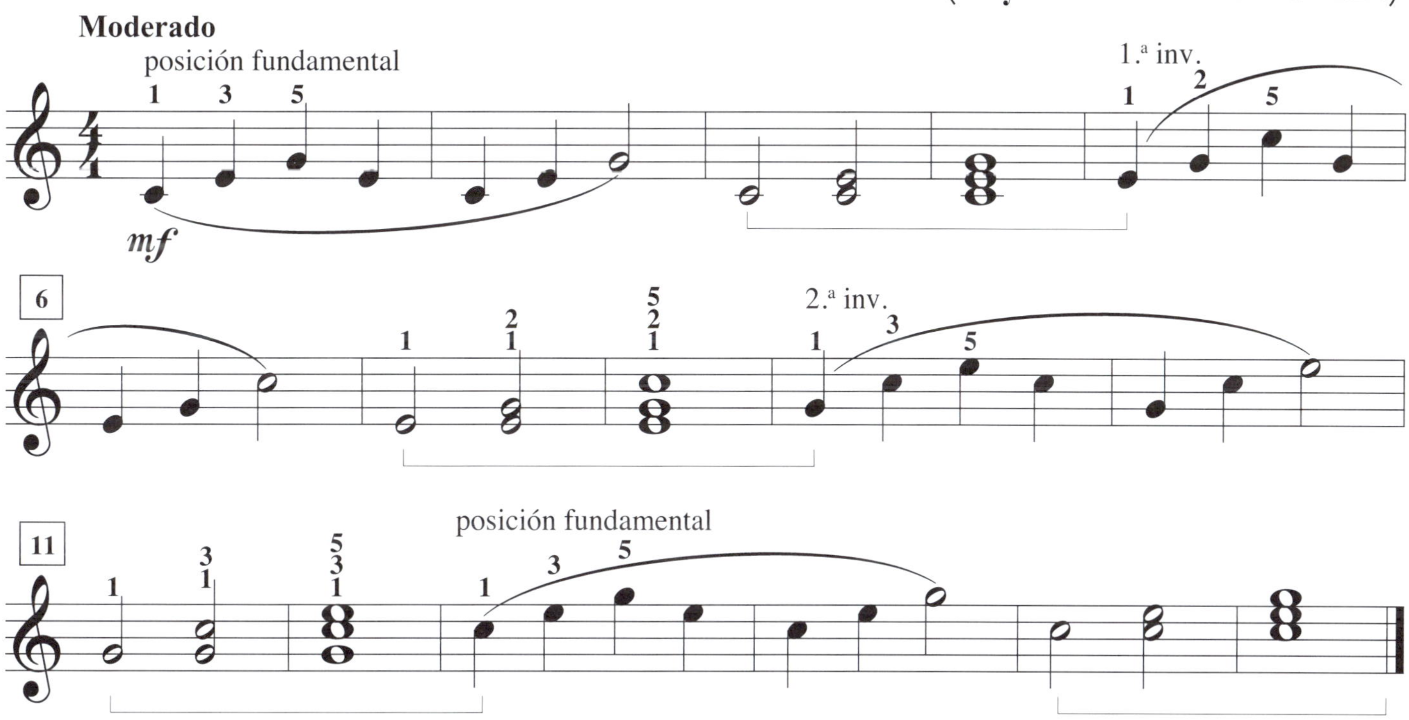

- Transpón este ejercicio a **LA menor.**

Anochecer

(1.ª y 2.ª inversión en la M.I.)

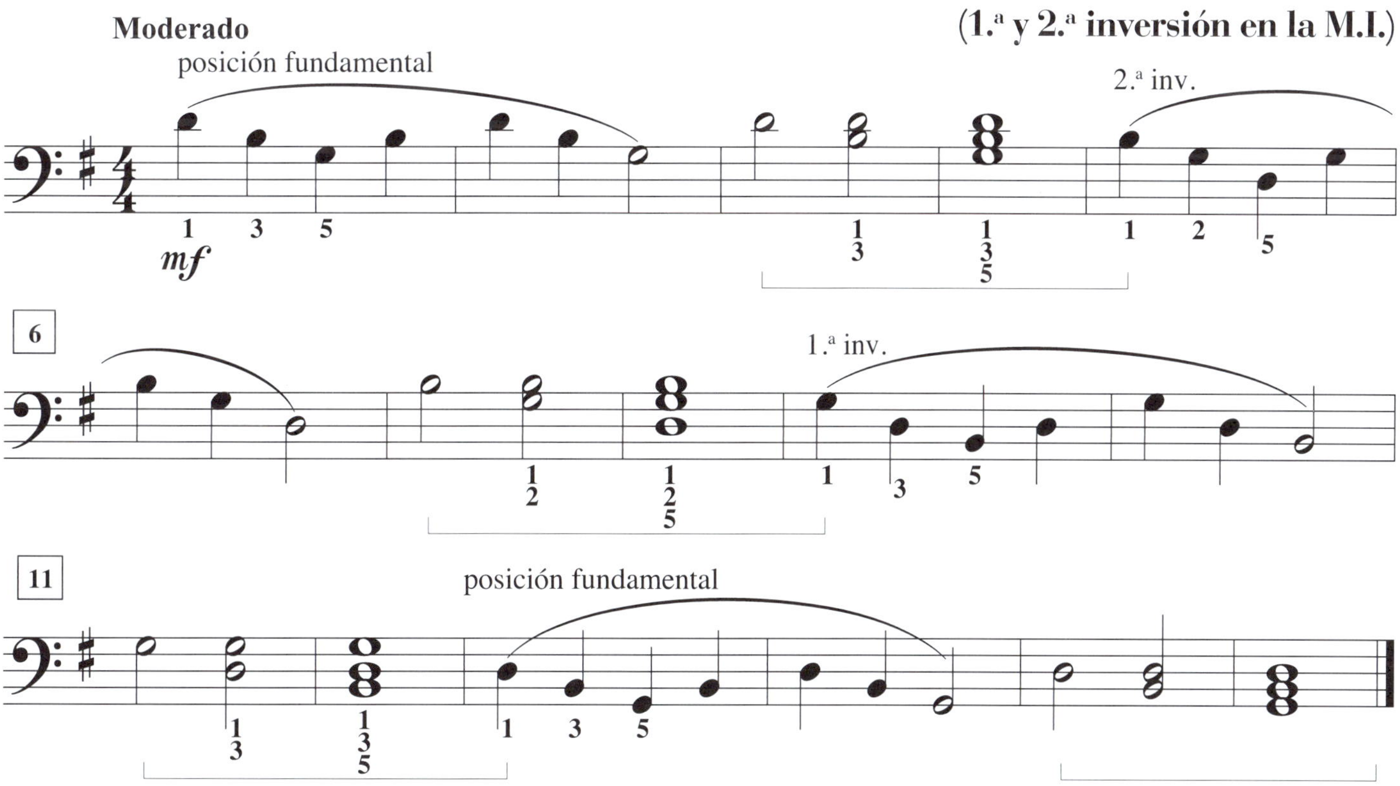

- Transpón este ejercicio a **MI menor.**

En este *lead sheet* las notas más altas de los acordes forman la melodía.

■ Practica solo la M.D. Mantén los dedos 1-2-5 en un “molde” fijo, con la muñeca relajada.

Himno a la alegría

Ludwig van Beethoven
(1770–1827)

Moderato

pianoadventures.lat/adulto

Acompañamiento con fundamentales

Tocar únicamente la fundamental de cada acorde con la M.I. puede ser un acompañamiento simple y efectivo, similar a lo que toca el bajo en un ensamble de música popular.

Instrucciones

Armoniza *Himno a la alegría* con la M.I., tocando solo la **fundamental** de cada acorde.

- Primero practica el **acompañamiento para la M.I.** como se muestra abajo (puede que disfrutes *cantar* la melodía mientras tocas los bajos con la M.I.).
- Cuando estés listo, toca la M.D. (p. 62) como está escrita mientras la M.I. la acompaña con las **fundamentales de los acordes** (sigue el cifrado).

Himno a la alegría

Acompañamiento para la M.I.

unidad 6

Silencio de corchea

Silencio de corchea

corchea = 1/2 tiempo

silencio de corchea = 1/2 tiempo

Marca este ritmo mientras cuentas en voz alta: "*1 y 2 y 3 y 4 - tro*".
Márcalo a distintos tempos: lento, moderado y rápido.

Cuenta: 1 (+) 2 (+) 3 (+) 4 (+) 1 + 2 + 3 (+) 4 (+)

- Practica los *compases* 5 y 6 con la M.D. sola a velocidad **lenta**, **moderada** y **rápida**.

El *boogie* de cafetería

Moderado, con *swing*

pianoadventures.lat/adulto

DESCUBRIMIENTO ¿Cuál es el primer acrode? ¿Es mayor o menor?

Síncopa

Las *síncopas* ocurren cuando se acentúan notas ENTRE los tiempos en vez de EN los tiempos.

Parió la luna

Tradicional de Colombia

El acento ocurre en la parte "débil" del tiempo.

Enérgico

DESCUBRIMIENTO Encuentra dos compases donde haya síncopa en la paarte débil del cuarto tiempo.

Bajo Alberti

El bajo Alberti es un patrón de acompañamienro de **acordes quebrados** para la M.I., que lleva el nombre del compositor italiano Domenico Alberti.

1. En FA mayor, toca un **acorde de I** (F) en bloque con la M.I. Luego toca las notas en este orden diciendo en voz alta:

2. Toca un **acorde de IV** (B♭) en bloque. Luego toca este ejemplo de bajo Alberti.

3. Toca un **acorde de V7** (C7) en bloque. Luego toca este ejemplo con bajo Alberti.

4. Toca este ejemplo de bajo Alberti de la varinte del acorde de **V7** (C7).

5. Ahora toca este bajo Alberti con los acordes de **I, IV** y **V7** (usa la **rotación**).

■ Antes de tocar revisa la partitura y fíjate en la forma musical.

Espejo de agua

___ mayor

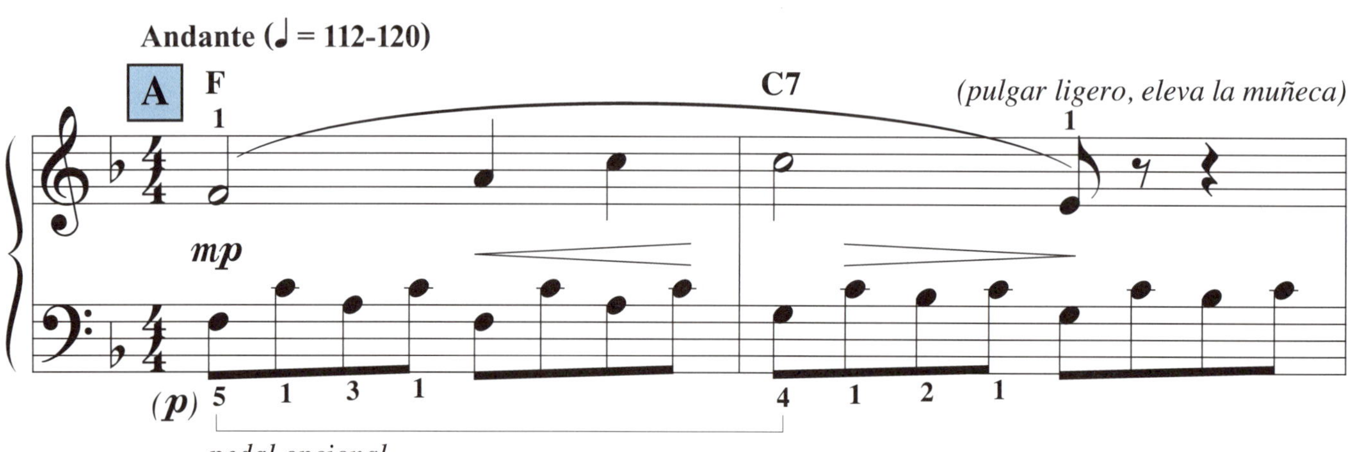

pianoadventures.lat/adulto

DESCUBRIMIENTO

La forma de esta pieza es **A A¹ B A¹**.
Escribe los acordes de la sección **B** con números romanos (**I, IV** y **V7**).

Técnica en 3 minutos

- Practica solo la M.I. hasta que puedas tocar el bajo Alberti con comodidad. Usa la rotación al inicio de cada grupo.
- Luego toca con ambas manos en tempo *andante*.

Estudio de bajo Alberti

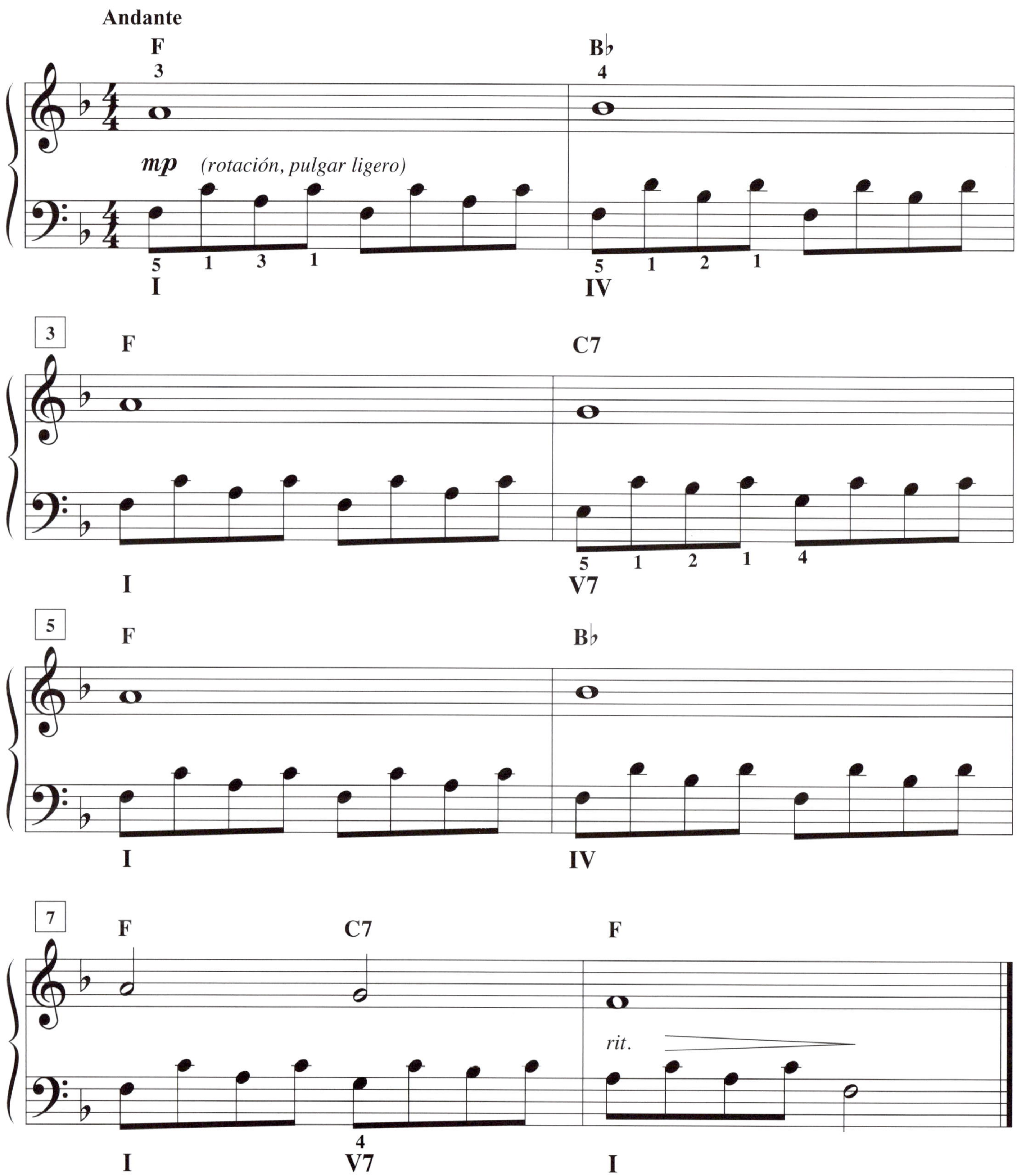

- Transpón el *Estudio de bajo Alberti* a **SOL mayor.**

Consejos para las escalas

- Toca con la mano en posición redonda (en forma de taza) y con los dedos firmes.
- Toca con el *pulgar ligero* cuando pasa por debajo de la mano (para evitar los acentos).

Estudio de silencios de corchea

- Transpón el *Estudio de silencios de corchea* a **FA mayor.** Pista: recuerda la digitación para la M.D. en esta escala: **1-2-3-4-1-2-3-4.**

Repaso del cifrado

La letra mayúscula sola indica un acorde MAYOR.
Por ejemplo: **G** = acorde de SOL mayor (SOL-SI-RE).

■ toca 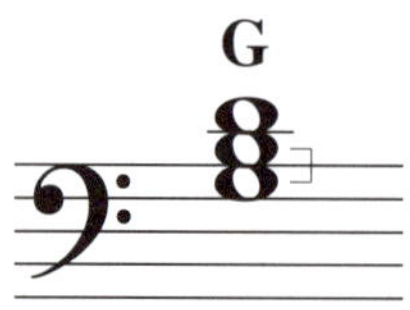

En los acordes **mayores**, entre la fundamental y la 3.ª hay una **3.ª mayor** (4 semitonos).

La letra mayúscula seguida por una "m" minúscula indica un acorde MENOR.
Por ejemplo: **Gm** = acorde de SOL menor (SOL-SI♭-RE).

■ toca 

El los acordes **menores** entre la fundamental y la 3.ª hay una **3.ª menor** (3 semitonos).

Acordes básicos

En una tonalidad mayor, los acordes de **I, IV** y **V** son tríadas MAYORES.

Acordes secundarios

En una tonalidad mayor, los acordes de **ii, iii** y **vi** son tríadas MENORES.

Tríadas en la escala de SOL mayor

- Toca los acordes de **I, IV** y **V** (básicos) y escucha su sonido *mayor.*
- Toca los acordes de **ii, iii** y **vi** (secundarios) y escucha su sonido *menor.*
- Ahora toca las tríadas subiendo por la escala, como se muestra abajo.

cifrado:	**G**	**Am**	**Bm**	**C**	**D**	**Em**	**F♯dim**	**G**

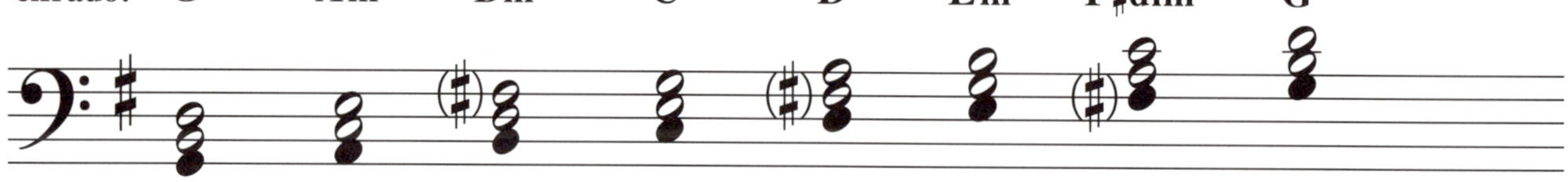

funciones:	**I**	**ii**	**iii**	**IV**	**V**	**vi**	**vii°**	**I**
tipo de acorde:	**Mayor**	**menor**	**menor**	**Mayor**	**Mayor**	**menor**	**disminuido**	**Mayor**

Esta canción probablemente se originó entre los trabajadores de los ríos en los comienzos de los Estados Unidos de América. El río Shenandoah fue nombrado así en honor a un jefe indio.

Instrucciones

- Primero toca solo la melodía con pedal.
- Luego añade **acordes en bloque** con la M.I. en el *primer tiempo* de cada compás, de acuerdo al cifrado.

  Usa acordes en posición fundamental, excepto los **acordes de IV** (C) y **V7** (D7), que se pueden tocar en *posición cercana.*

Shenandoah

SOL mayor
lead sheet

Tradicional de EE.UU.

pianoadventures.lat/adulto

Negra con puntillo

- Marca los siguientes ritmos mientras cuentas en voz alta.
- Luego, tócalos usando un acorde de FA mayor (con las manos separadas o juntas).

a. 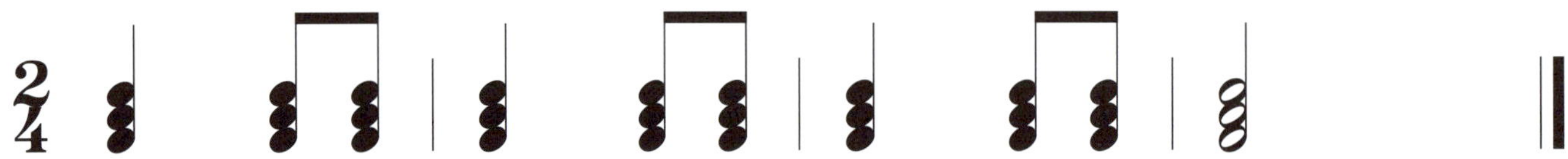

1 (+) 2 + 1 (+) 2 + 1 (+) 2 + 1 (+) 2 (+)

Ahora **liga** las negras a las primeras corcheas. Siente la nota ligada en el tiempo 2.

b. 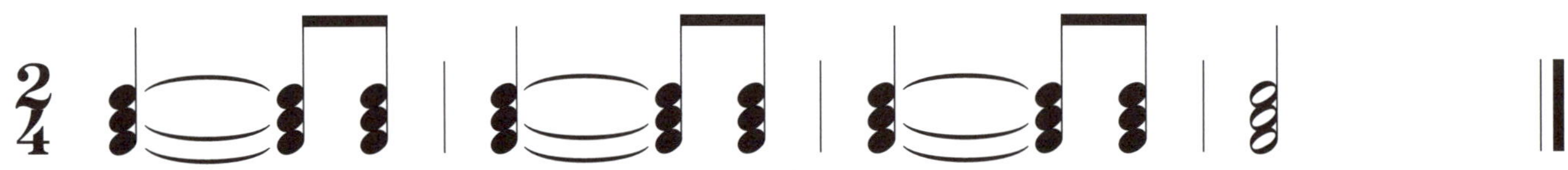

1 (+) 2 + 1 (+) 2 + 1 (+) 2 + 1 (+) 2 (+)

Aquí, el **puntillo** reemplaza a la **corchea ligada**. ¡*Siente* el puntillo en el tiempo 2! Los ritmos **b** y **c** deben sonar exactamente igual.

c. 

1 (+) 2 + 1 (+) 2 + 1 (+) 2 + 1 (+) 2 (+)

Quiero negras con puntillo

Alegre

Tradicional

pianoadventures.lat/adulto

IEFF1334ES

DESCUBRIMIENTO Transpón los *compases 1-8* a **SOL mayor.** Pista: recuerda el FA♯ (la sensible) al cruzar con el dedo 2 de la M.D. en el *compás 4* y *compás 8.*

Kumbaya (del inglés *"come by here"*, "ven acá") es una canción espiritual de origen afroamericano.

Kumbaya

___ mayor

Tradicional

pianoadventures.lat/adulto

IEFF1334ES

DESCUBRIMIENTO

Escribe los **números romanos** en los recuadros de acuerdo al cifrado.
Los primeros cinco compases ya están resueltos.

El compositor ruso Rimsky-Korsakov creó este tema para su obra orquestal *Scheherazade*, inspirada en los cuentos de *Las mil y una noches*.

Acorde arpegiado

Toca las notas rápidamente de abajo a arriba.
Sube la muñeca ligeramente al tocar.

Tema de Scherezada

___ mayor

Nicolai Rimsky-Korsakov
(1844–1908, Rusia)
adaptación

Allegretto* *cruce*

**Allegretto*:* alegre, algo rápido (es una indicación de tempo entre *Moderato* y *Allegro*).

DESCUBRIMIENTO

La forma de esta pieza es **A A¹ Coda.**
Marca cada sección en la partitura.

Consejos para practicar

- Practica solo con la M.I. hasta que puedas hacer los cambios de acordes con facilidad.
- Luego marca la primera frase de la M.D. como "Patrón 1". Marca donde vuelve aparecer este patrón.
- Ahora toca con un pulso estable.

En mi convertible rojo

___ mayor

DESCUBRIMIENTO ¿Puedes tocar esta canción en un tempo lento con **ritmo de *swing***?

Acompañamiento (el alumno toca *como está escrito*):

Consejo técnico para la M.I.

- Eleva rápidamente la muñeca en el tiempo 4 del compás para llevar la mano a la siguiente posición.

Marcha de las negras con puntillo

Acordes básicos de SOL mayor con inversiones

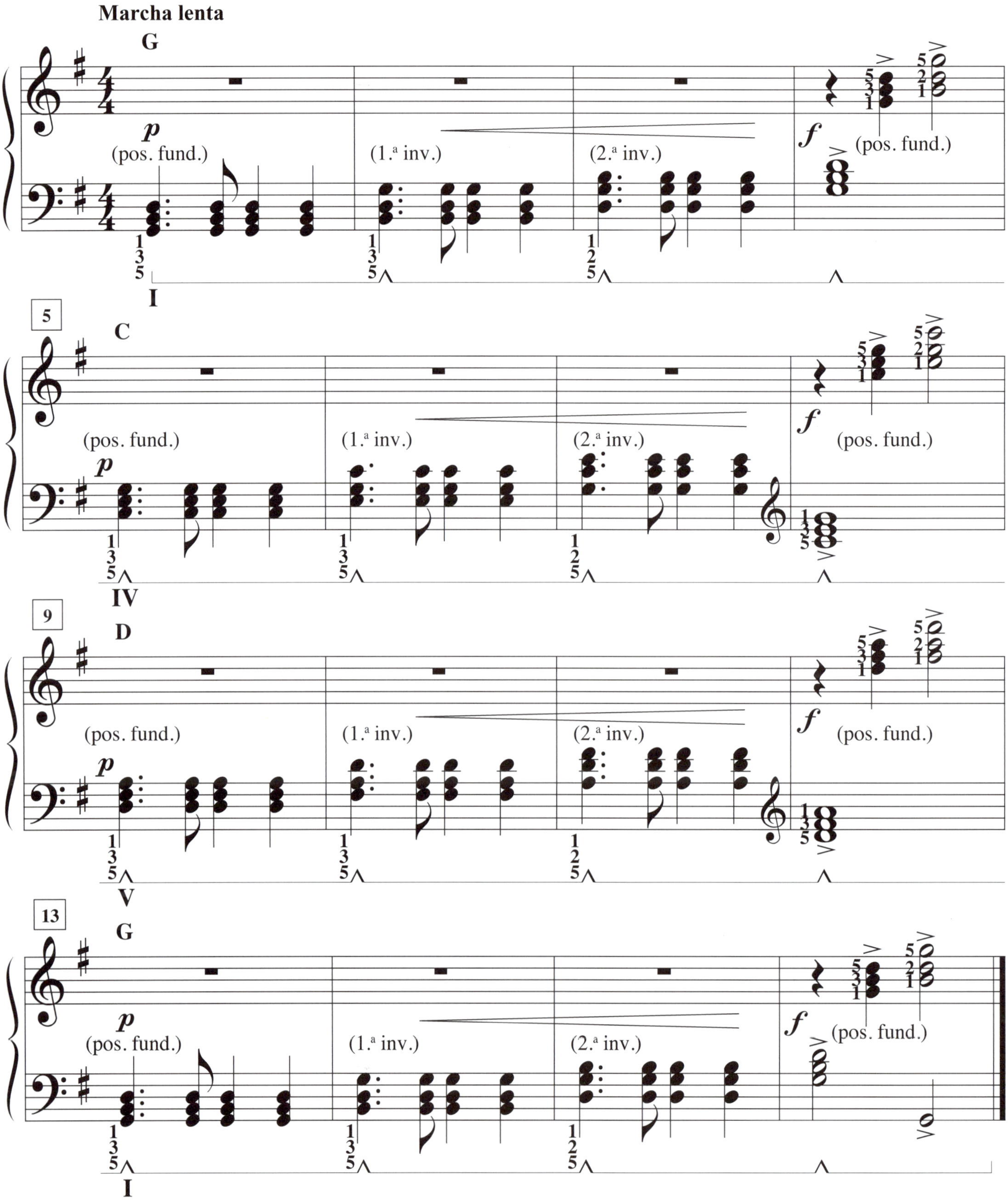

pianoadventures.lat/adulto

IEFF1334ES

Consejo técnico

- Piensa que cada compás es un solo gesto, en vez de notas aisladas.

Arpegios con negras con puntillo

pianoadventures.lat/adulto

Instrucciones

- Primero toca solo la melodía con pedal.
- Luego añade **acordes en bloque** con la M.I. en el *primer tiempo* de cada compás, de acuerdo al cifrado (ver la página siguiente).

Las mañanitas

DO mayor

lead sheet

Tradicional de México

pianoadventures.lat/adulto

Tabla de acordes

Practica los acordes de *Las mañanitas.*

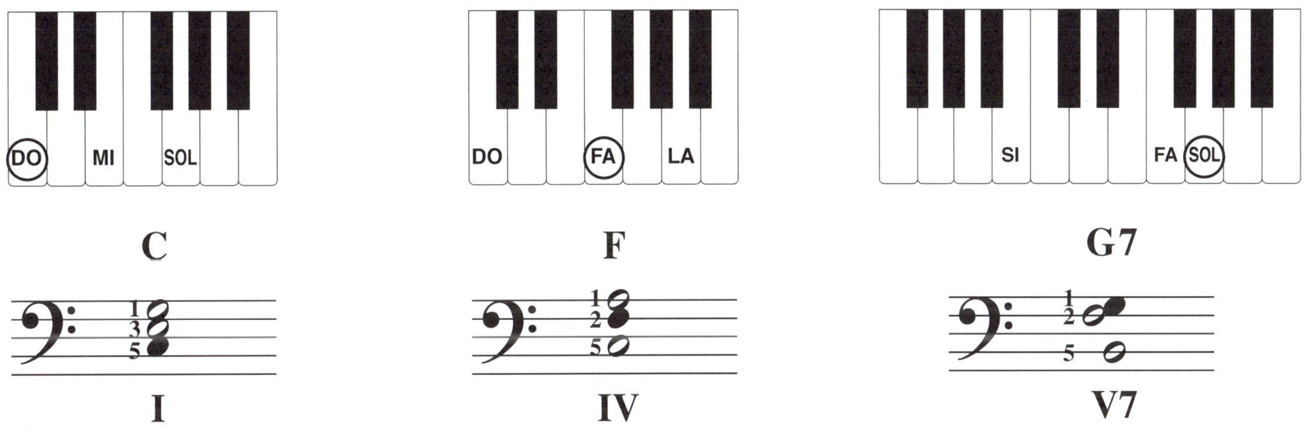

Acompañamiento de acordes quebrados

Cuando puedas tocar cómodamente los **acordes en bloque**, prueba este acompañamiento de acompañamiento.

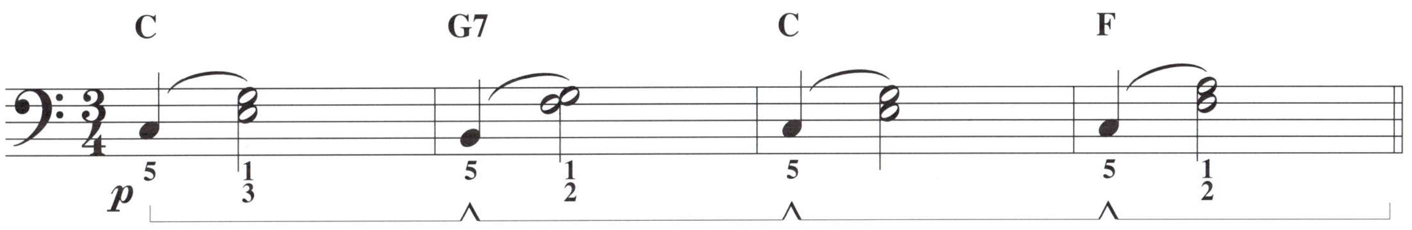

Ejemplo:

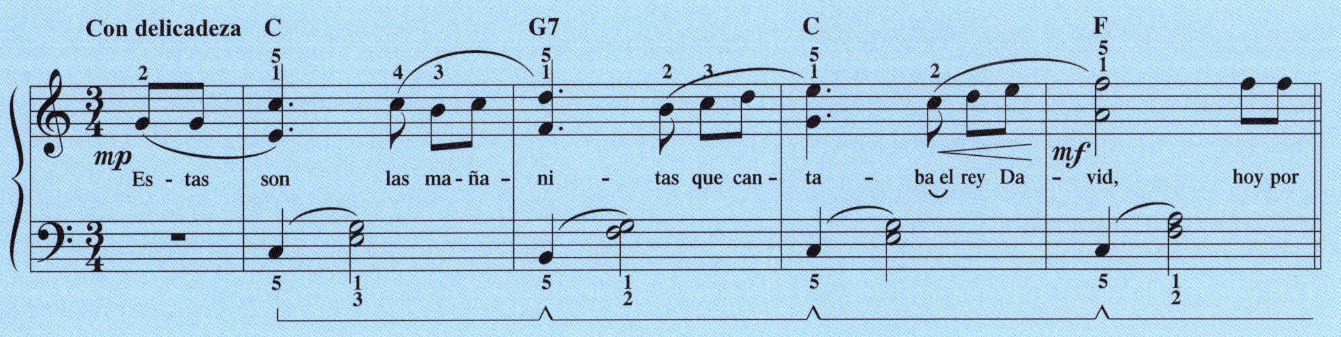

Teoría de las escalas menores

Las piezas en **tonalidad menor** pueden sonar misteriosas, oscuras o tristes.

Las piezas en **tonalidad mayor** son generalmente de carácter más alegre y luminoso.

Tonalidad relativa menor

Todas las *tonalidades mayores* tienen una *tonalidad menor* que comparte la misma armadura.
A esta tonalidad menor se le llama **relativa menor.**
La escala relativa menor comienza en el **6.º grado** de la escala mayor.

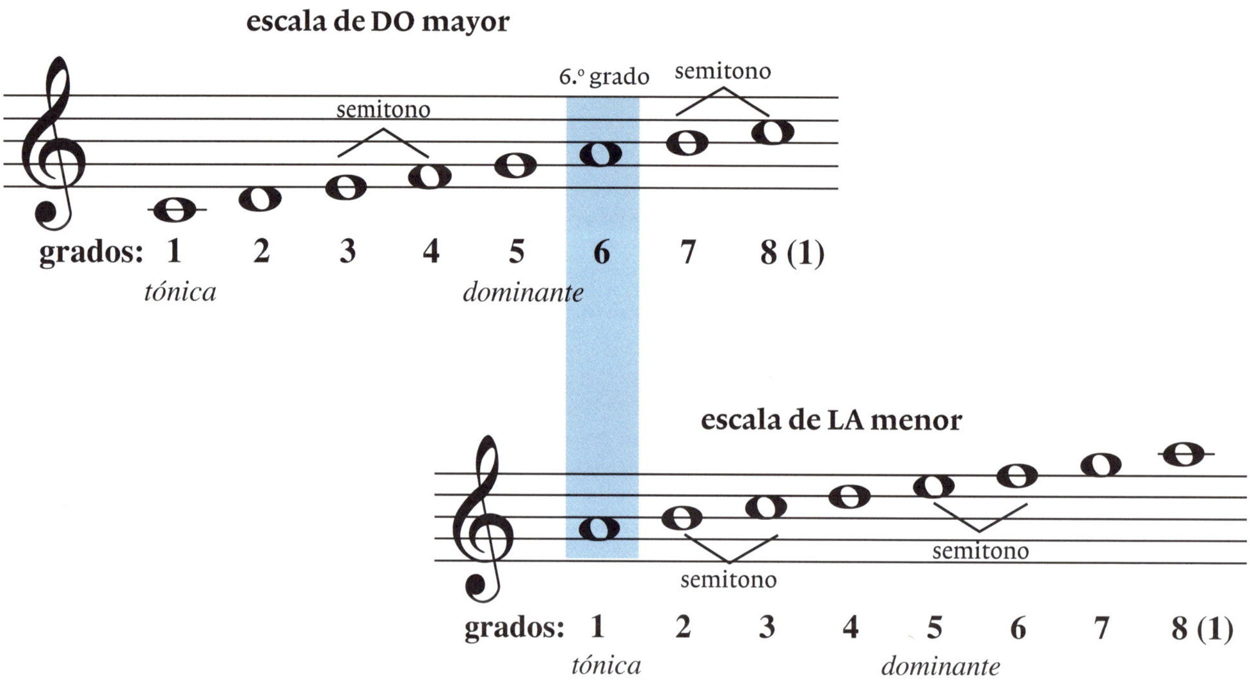

Toca y escucha

- Toca la **escala de DO mayor** y *escucha* cómo suena.
  La escala mayor tiene semitonos entre los *grados 3-4* y *7-8.*

- Ahora toca la **escala de LA menor natural** (la relativa menor).
  Escucha la diferencia en el sonido. La escala menor natural tiene semitonos entre los *grados 2-3* y *5-6.*

Observa que la escala menor natural usa las mismas notas que su escala relativa mayor.

Tonalidad de LA menor

La escala de **LA MENOR NATURAL** comparte la armadura de **DO mayor.**

- Observa el tono entero entre los *grados 6 y 7* de la escala menor natural.
- Practica con manos separadas y luego juntas.

Escala de LA menor natural

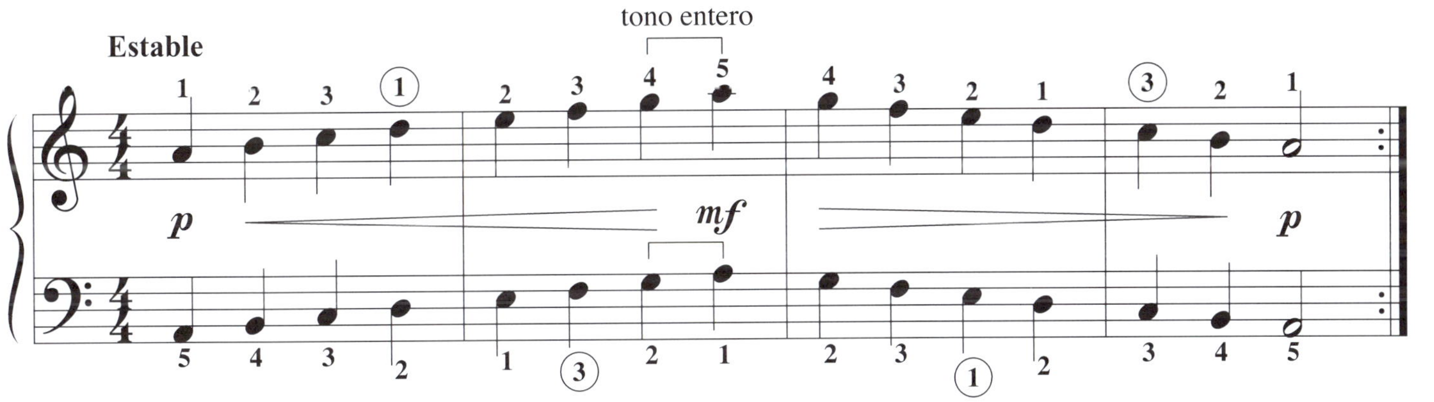

En la escala menor ARMONICA, el 7.° grado sube un semitono.

Así se forma un semitono entre los *grados 7 y 8*, creando la *sensible* que resuelve a la *tónica.*

Observa que se usa un *sostenido* para subir el 7.° grado.
Este sostenido no está en la armadura, es una *alteración accidental.*

escala de LA menor armónica

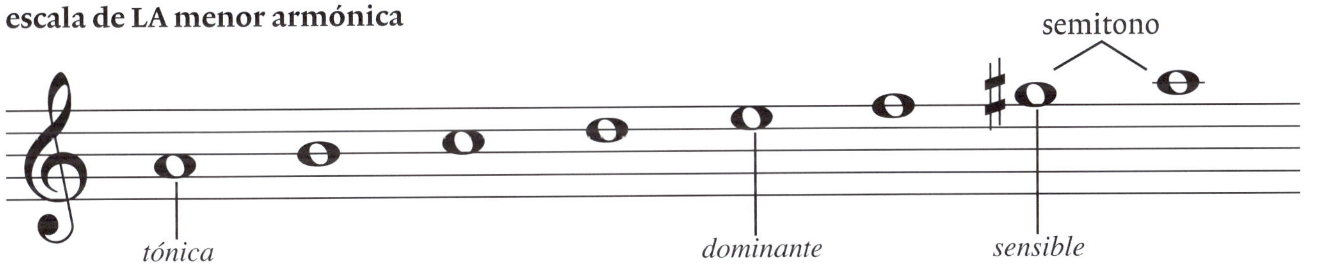

- Practica con manos separadas y luego juntas.
- Escucha el paso de la *sensible* a la *tónica.*

Escala de LA menor armónica

Tonalidad relativa menor

Esta es la armadura tanto de **DO mayor** como de **LA menor.**

La armadura puede señalarnos la **tonalidad mayor** o su **tonalidad relativa menor.**

Después de identificar la armadura de una pieza, observa el *último* compás para averiguar la tonalidad (mayor o su relativa menor). Usualmente se termina con un acorde de I con la *tónica* en el bajo.

Ostinato

Un patrón musical que se repite muchas veces.

Sakura

___ **mayor/menor** *(encierra)*

- Nombra los dos intervalos usados en el ostinato de la M.I.: ______ y ______.

Tradicional de Japón

Esta canción celebra el florecimiento de los cerezos durante la primavera.
La flor del cerezo es uno de los símbolos másdestacados de la cultura japonesa.

DESCUBRIMIENTO ¿Cuál es la nota *más grave* del último compás? (*encierra*)
tónica dominante sensible

Encuentra la relativa menor

También puedes encontrar rápidamente la tónica de **escala relativa menor** contando 3 semitonos hacia abajo desde de la tónica de la tonalidad mayor.

DO mayor — LA menor
3 semitonos abajo

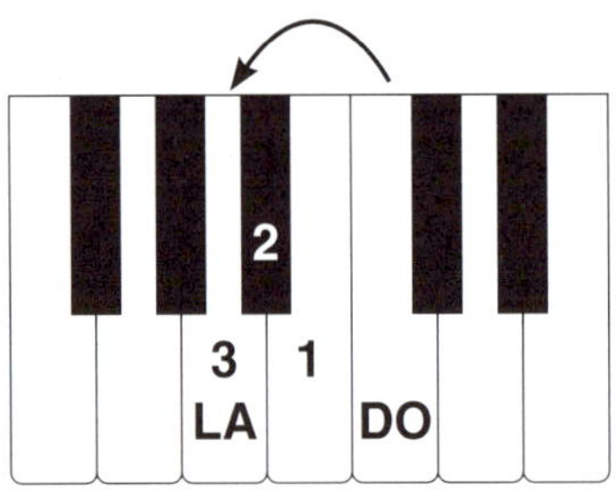

FA mayor — RE menor
3 semitonos abajo

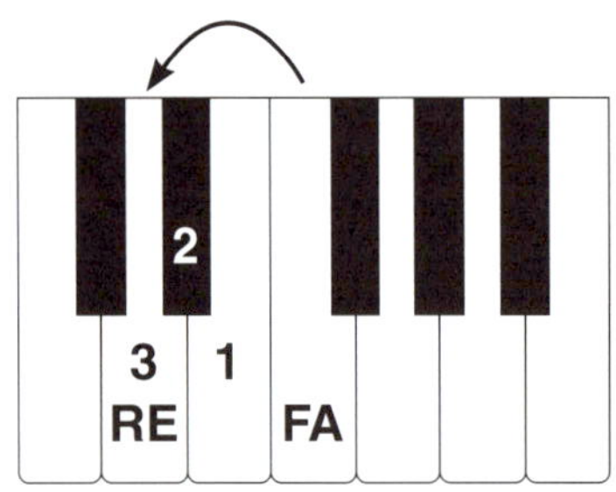

SOL mayor — MI menor
3 semitonos abajo

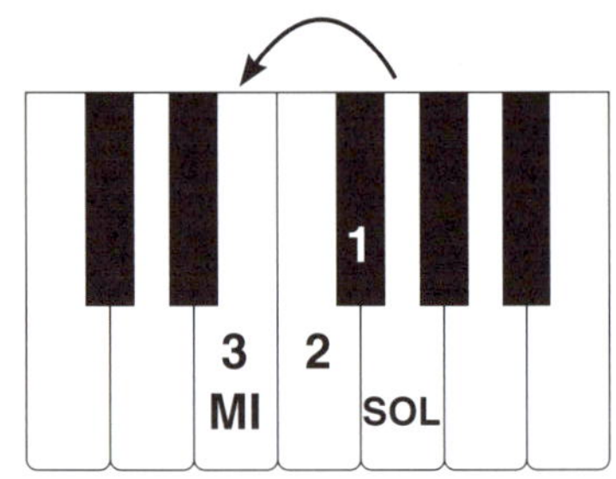

Las piezas en tonalidad menor a menudo tienen una sección en la tonalidad *relativa mayor.*

Esta pieza en LA menor tiene su **sección B** *(compases 9 al 12)* en DO mayor (su **relativa**).

Estudio en LA menor

Louis Köhler
(1820–1886, Alemania)
versión original

Sección A

LA menor

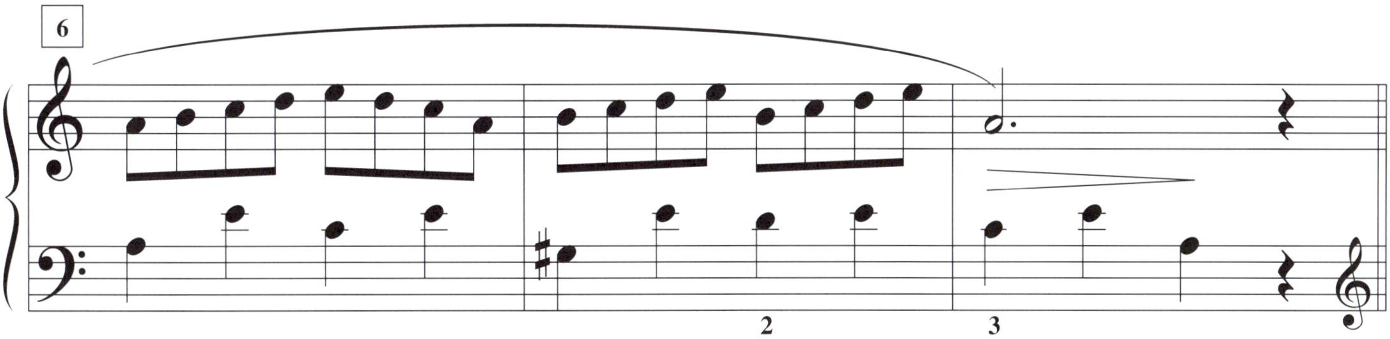

Sección B

DO mayor - la relativa mayor

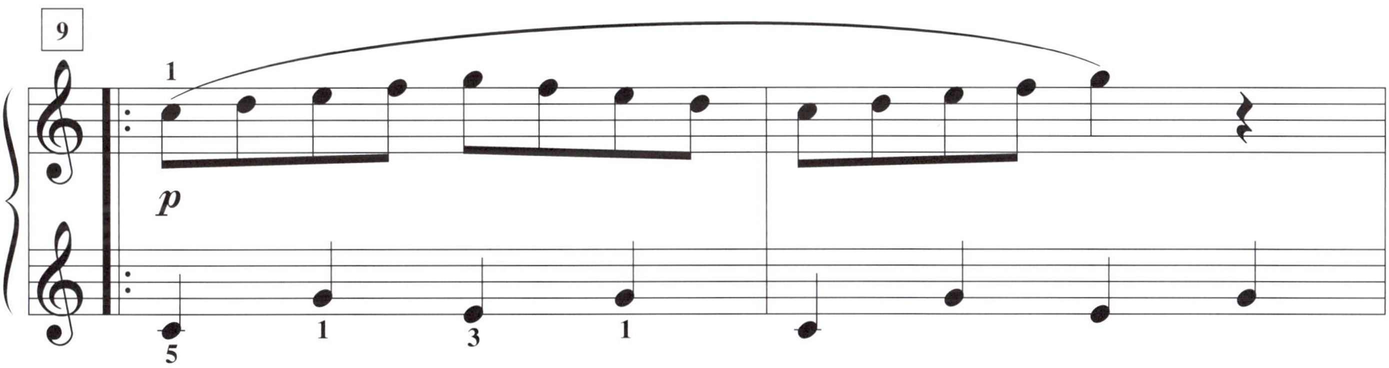

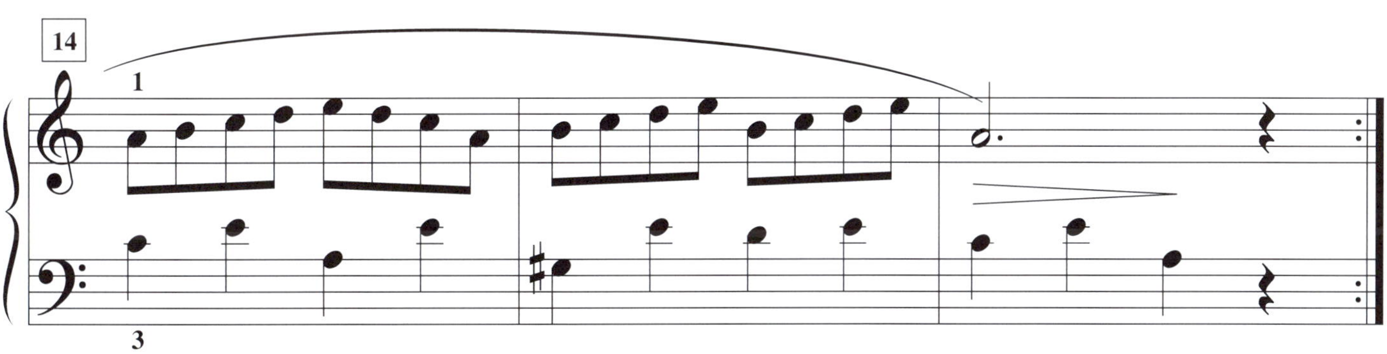

DESCUBRIMIENTO

¿Cómo se llama el patrón de acompañamiento de la M.I.?________________________
Para lograr un efecto de "cajita musical", toca con ambas manos *alto* en el teclado.

Acordes básicos en LA menor: i - iv -V7

En las tonalidades menores los acordes de **i** y **iv** son menores.
El acorde de **V** normalmente es mayor.

- Toca los acordes básicos de **LA menor** en POSICIÓN FUNDAMENTAL.
  Nota: se usan números romanos en minúsculas para los acordes menores.

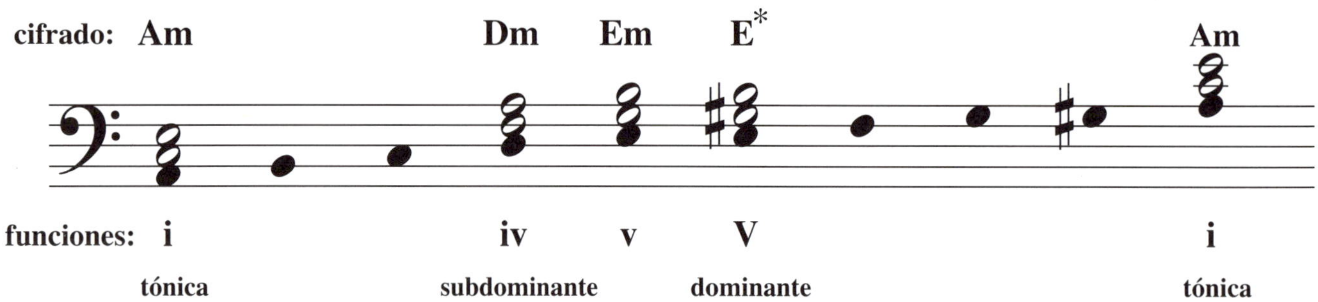

*El acorde de V es menor según la armadura, pero se usa el acorde mayor por la alteración de la escala armónica.

Inversiónes del acorde de iv: Dm

Repaso: el **acorde de iv** se puede *invertir.*

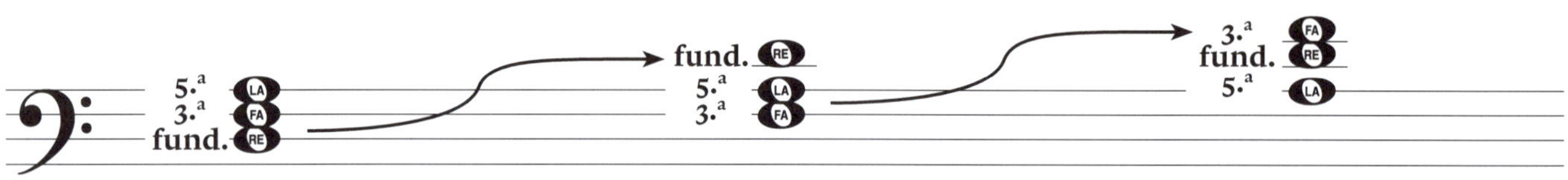

pos. fund. La fund. en el bajo.	**1.ª inv.** La 3.ª en el bajo La fund. sube.	**2.ª inv.** La 5.ª en el bajo.

LA menor: acordes de i-iv en posición cercana

La **2.ª inversión** del acorde de **iv** (Dm) permite tocar **i-iv** en *posición cercana.*

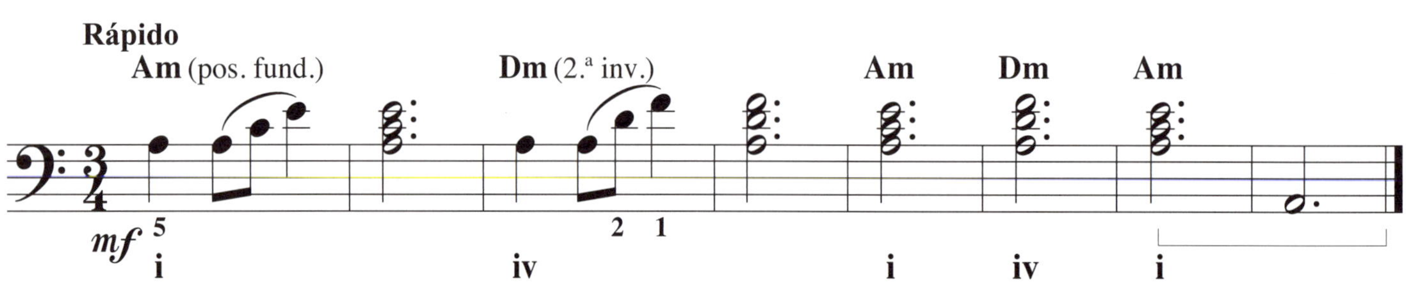

Acorde de V7 en LA menor: E7

El **acorde de E7** tiene cuatro notas que suben por **3.ªs** desde **MI.**
Recuerda, si *MI* (la fundamental) es la nota *más baja,* el acorde está en POSICIÓN FUNDAMENTAL.

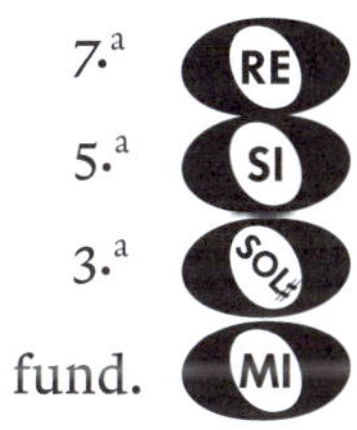

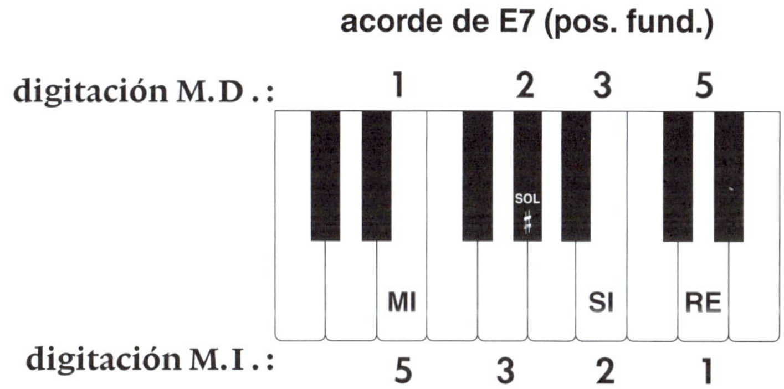

MI es el *quinto grado* (dominante) en LA menor.
El acorde de **E7** es el **V7** o **dominante con 7.ª** en LA menor.

Inversiones del acorde de V7: E7

Repaso: el **acorde de V7** se puede invertir, omitiendo una nota.

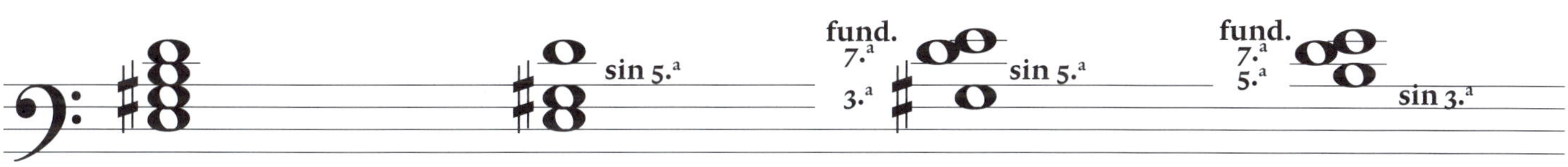

pos. fund. La fund. en el bajo.	**pos. fund.** Se omite la 5.ª. Acorde de E7 de 3 notas.	**1.ª inv.** La 3.ª en el bajo Se omite la 5.ª.	**2.ª inversión** La 5.ª en el bajo Se omite la 3.ª.

LA menor: acordes de i-iv-V7 en posición cercana

Las inversiones del **acorde V7** (E7) permiten tocar **i-iv-V7** en *posición cercana.*

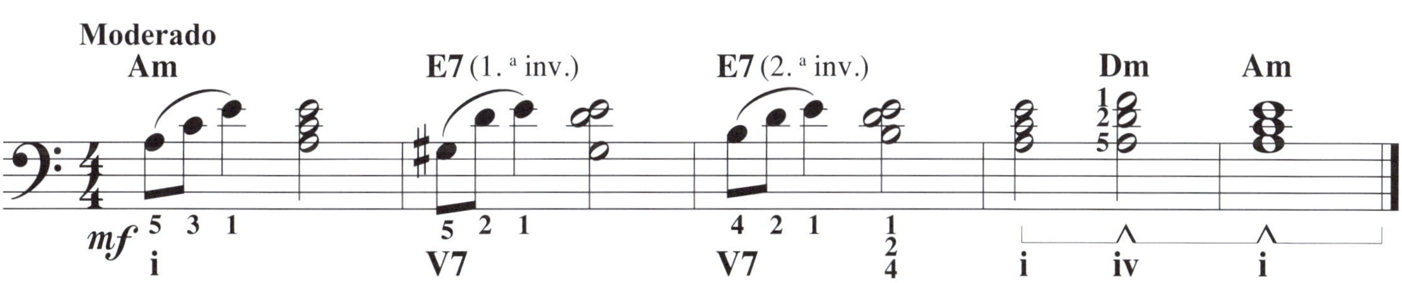

Tresillo

A veces **3** corcheas equivalen a una negra.
A esto se le llama **tresillo.**

- Marca el ritmo mientras cuentas: *"1-y-más"*.

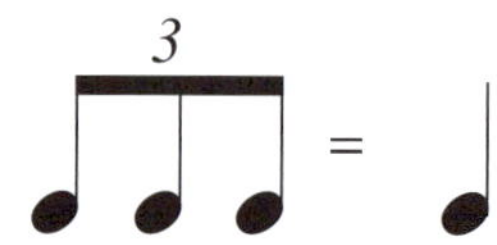

El 3 indica tresillo, no dedo 3.

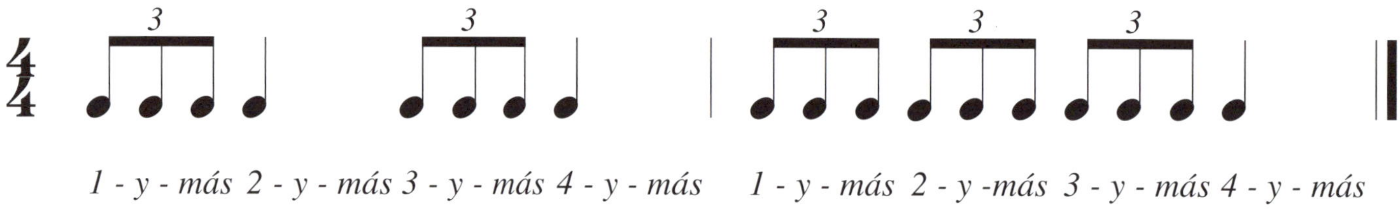

Antonín Dvořák compuso la "Sinfonía del Nuevo Mundo" durante el primer año de su estadía en los Estados Unidos y la estrenó con enorme éxito en Nueva York en 1893. Según el compositor, la obra está influida por melodías de origen afroamericano y amerindio. Dvořák promovía la idea de que la música de concierto estadounidense debería basarse en estas fuentes.

Finale

(de la Sinfonía No.9, "Del Nuevo Mundo")

____ mayor/menor

Antonín Dvořák
(1841-1904, Bohemia, hoy República Checa)
adaptación

Fuerte y vigoroso

DESCUBRIMIENTO

Marca cada sección de esta pieza (**A B A**).
Luego marca cada acorde como **i, iv** o **V7**.

> *"Hava nagila"* significa "alegrémonos, seamos felices".

Hava Nagila

LA menor

Tradicional de Israel
adaptación

Enérgico (𝅗𝅥 = 92 - 100)

DESCUBRIMIENTO ¿Esta pieza comienza con un acorde de **tónica** (i) o de **dominante** (V)?

Calentamiento para la posición de la mano

- Abre la M.D. con la palma hacia arriba.
  Junta las puntas de los dedos con el pulgar.
  Observa la forma de "taza".

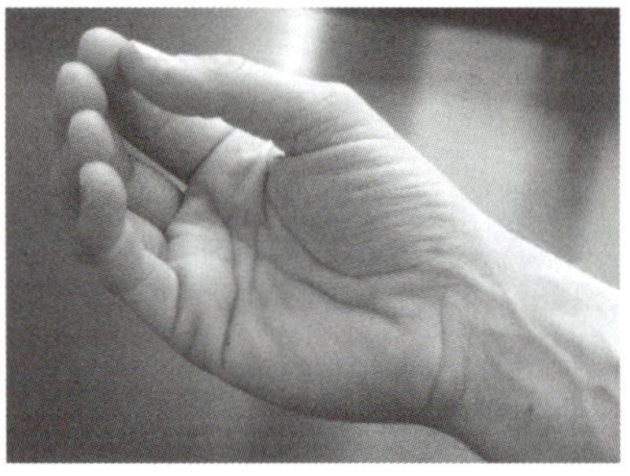

- Voltea la mano hacia abajo con los **nudillos altos**. Repite con la M.I.

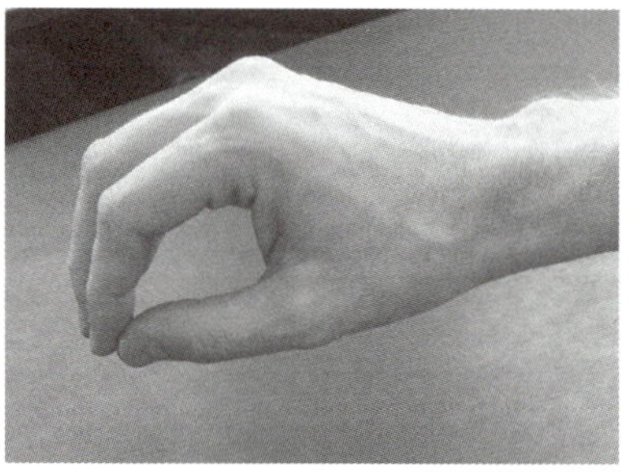

Consejos técnicos

- Tu **dedo 3** debe tener el "nudillo alto".
  Toca con el *pulgar ligero*, recostado sobre el lado de la uña.

- *Escucha* para lograr ondas de tresillos uniformes que suben y bajan por la escala de **LA menor natural.**

Ondas de tresillos

(para la M.D.)

Ondas de tresillos

(para la M.I.)

Consejos para practicar

- Primero toca los *arpegios* como *acordes en bloque*. Esto te ayudará a identificar las armonías de **i, iv** y **V7**.
- Luego toca como esta escrito, con pedal.

Estudio de arpegios

Arpegios en LA menor

pianoadventures.lat/adulto

Instrucciones

- Toca solo la melodía de la M.D.
- Después añade acordes en bloque con la M.I. en el *primer tiempo* de cada compás, de acuerdo al cifrado.

Observa la progresión descendente de acordes (ver la siguiente página).

Greensleeves

LA menor

lead sheet

Fluyendo suavemente

Tradicional de Inglaterra

Originaria del siglo XVI, la letra de esta canción de amor no tan inocente recuenta las súplicas de amor de un caballero a su amante aburrida. La melodía fue publicada originalmente en 1652. Dos siglos después, se le adapto la letra del villancico *What Child Is This.*

Tabla de acordes

Esta popular progresión armónica va bajando por segundas desde el **acorde de i (Am)** hasta el **acorde de V (E).**

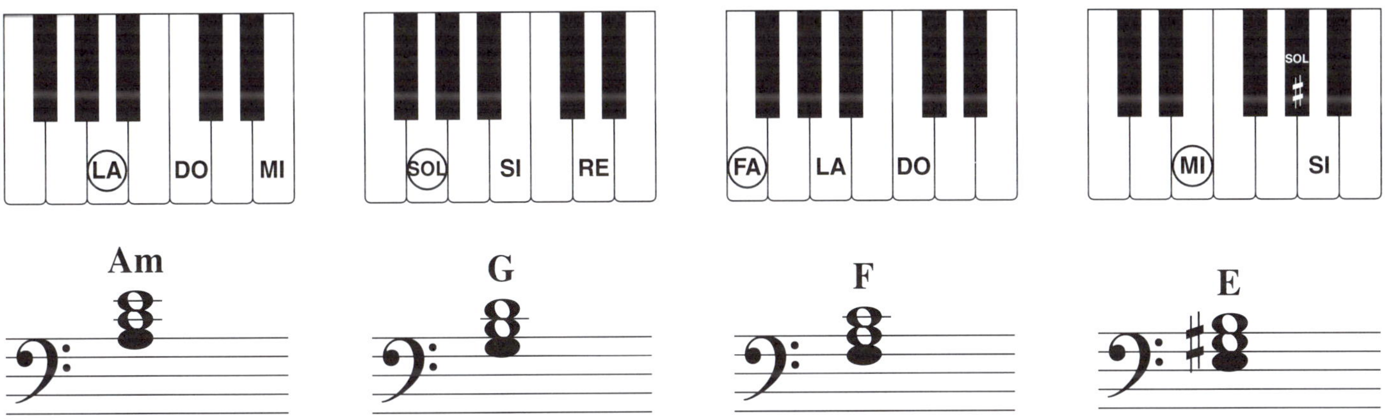

Acompañamiento de 5.as quebradas

Cuando puedas tocar cómodamente los **acordes en bloque**, prueba este patrón de acompañamiento.

Ejemplo:

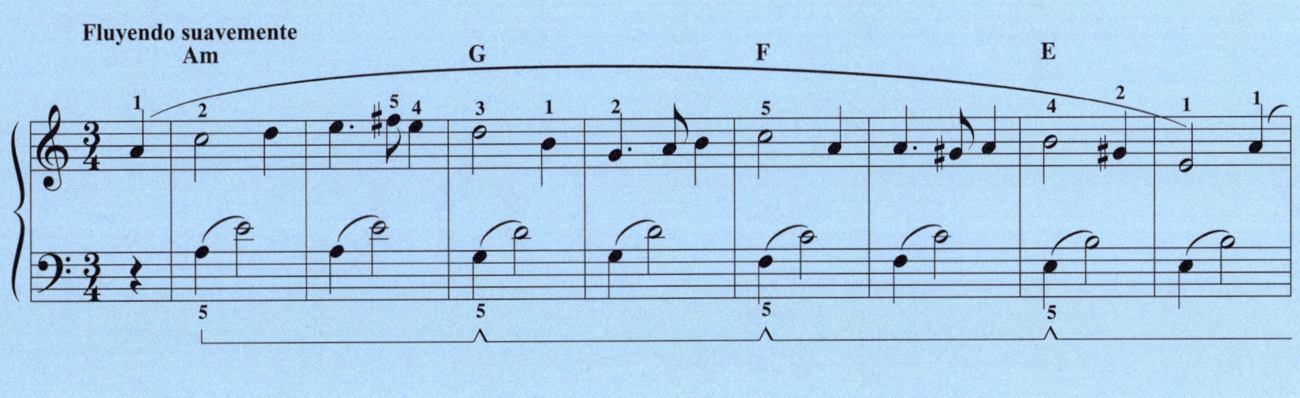

Intervalo de séptima (7.ª)

Intervalo de 7.ª

El intervalo de 7.ª abarca siete notas (y siete teclas blancas).

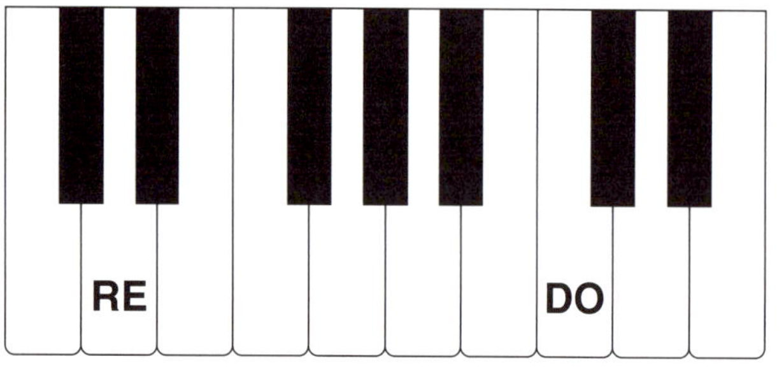

Encuentra y toca las siguientes 7.ªs en el teclado. Pista: una 7.ª tiene una nota menos que una octava.

- Toca MI con el dedo 5 de la **M.I.** Ahora **sube una** 7.ª *¿Llegaste a RE?*
- Toca FA con el dedo 5 de la **M.D.** Ahora **baja una** 7.ª *¿Llegaste a SOL?*

En el pentagrama, una 7.ª va de línea a línea o de espacio a espacio, igual que las 3.ªs y 5.ªs.

- Toca

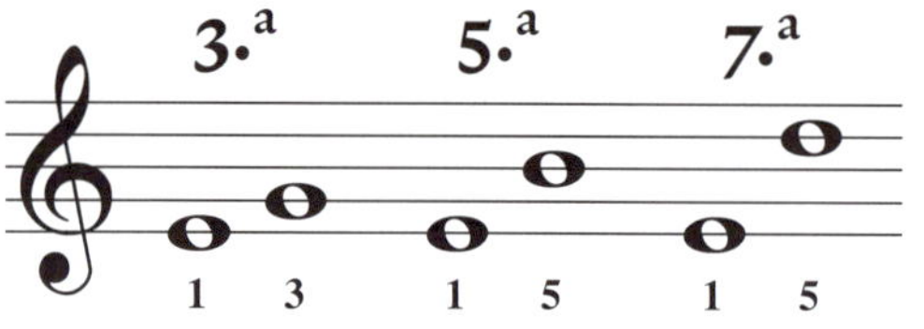

- Toca

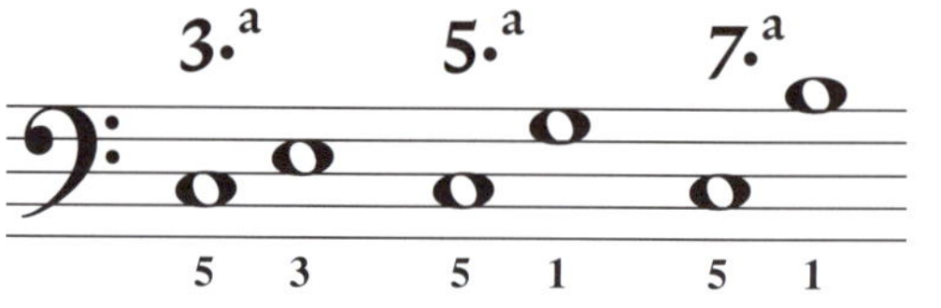

Blues con 7.ªs

Caminando, estable (♩ = 88-112)

Compás común (compasillo)

C es el símbolo de compás común.
El compás común es igual que $\frac{4}{4}$.

Tierra del abedul plateado

___ mayor/menor (*encierra*)

Canción folclórica de Canadá
adaptación

Suavemente

CREACIÓN

Observa que la M.I. usa una 7.ª como *ostinato.*
Intenta crear una pequeña pieza con este ostinato.
Para la melodía de la M.D., usa notas de la **escala de LA menor natural.**

Compás partido $\mathbf{C\!\!\!|} = \frac{2}{2}$

El compás partido es $\frac{4}{4}$ dividido en dos: $\frac{2}{2}$

La escritura es igual que en $\frac{4}{4}$, pero se cuentan **2 tiempos por compás.**

La 𝅗𝅥 dura un tiempo.

Alla breve es otro nombre para este compás.

■ Toca rápidamente, sintiendo **2 tiempos** por compás.

Cuenta: 1 y 2 y 1 y 2 y

Sheep May Safely Graze

Johann Sebastian Bach
(1685-1750)
adaptación

pianoadventures.lat/adulto

IEFF1334ES

D.S. 𝄋 al Fine

Dal Segno al Fine: vuelve al signo y toca hasta *Fine*.

Consejo técnico

- Toca los acordes ***forte*** del final (*c. 19*) usando un ligero movimiento *"abajo-arriba"* de la muñeca. Este movimiento suaviza el toque y ayuda a producir un sonido lleno y redondo.

  Nota: las flechas de los *compases 19-21* indican este movimiento.

Estudio fanfarria

____ mayor/menor (*encierra*)

Enérgico y triunfante, "a dos"

9
mp
13
mf
17
f
20
rit.
8va

Instrucciones

- Primero toca solo la melodía con pedal.
- Luego añade **acordes en bloque** en el *primer tiempo* de cada compás.

Las chiapanecas

DO mayor

lead sheet

Tradicional de México

*N.C. (*No chord*) se usa para indicar secciones de la melodía que se tocan *sin acorde*.

pianoadventures.lat/adulto

Tabla de acordes

Repasa los acordes de *Las chiapanecas.*

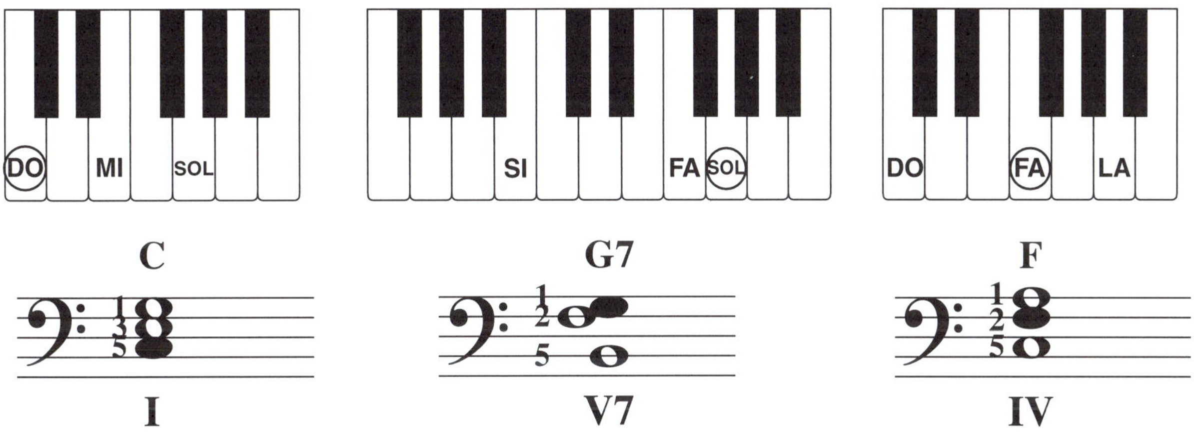

Acompañamiento de vals

Cuando puedas tocar cómodamente los **acordes en bloque**, prueba la **sección B** (*compases 11–26*) con este patrón de **acompañamiento** (usa acordes en bloque en el *D.C.*).

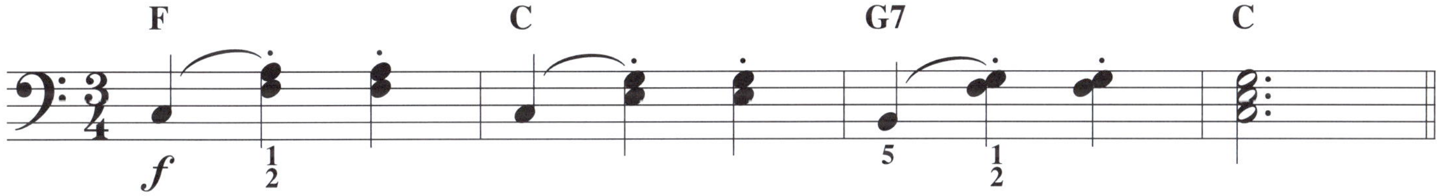

Ejemplo:

unidad **10** RE menor

Tonalidad de RE menor

FA mayor y RE menor

Repaso: la escala **relativa menor** comienza en el *6.º grado* de la escala mayor.

Nuevo: **RE menor** es la RELATIVA MENOR de **FA mayor** (RE es el 6.º grado en FA mayor). **RE menor** y **FA mayor** usan la misma armadura: un bemol (SI♭).

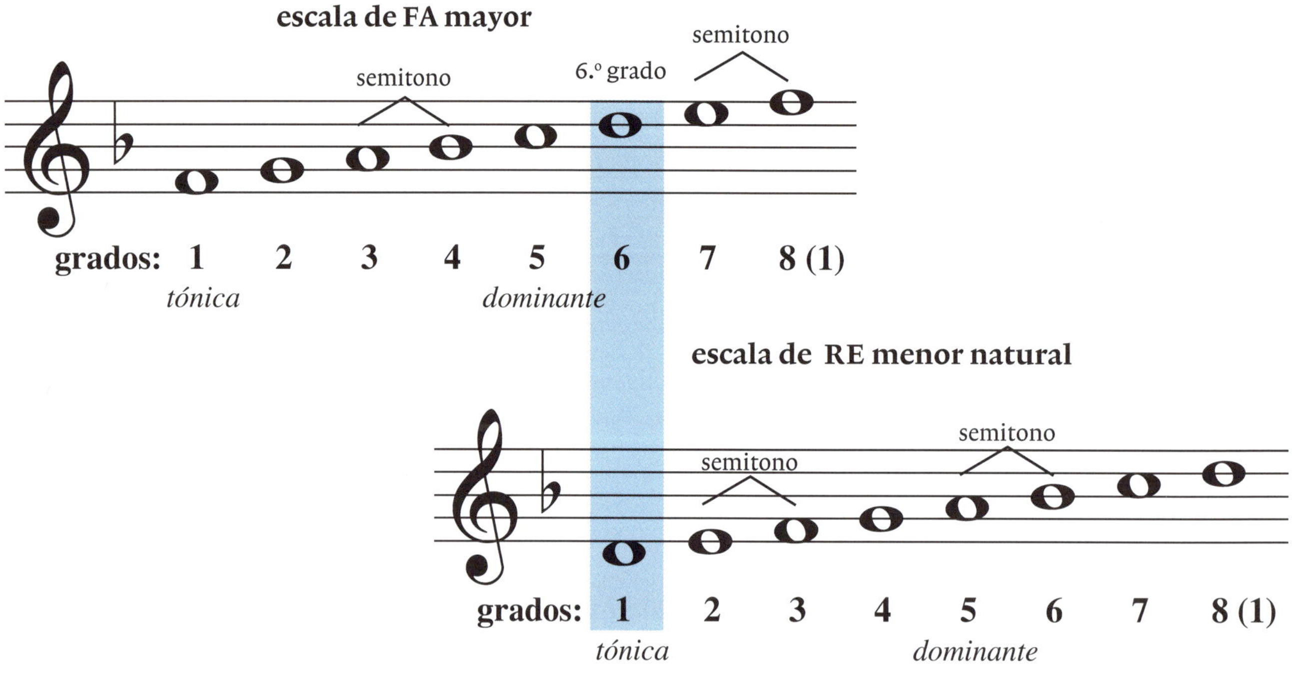

Toca y escucha

- Toca la **escala de FA mayor** y escucha cómo suena.
  La escala mayor tiene **semitonos** entre los *grados 3-4* y *7-8*.

- Ahora toca la **escala de RE menor natural** (la relativa menor).
  Escucha la diferencia en el sonido. La escala menor natural tiene semitonos entre los *grados 2-3* y *5-6*.

Recuerda

También puedes encontrar la tonalidad **relativa menor** contando 3 semitonos hacia abajo desde la *tónica* de la tonalidad mayor.

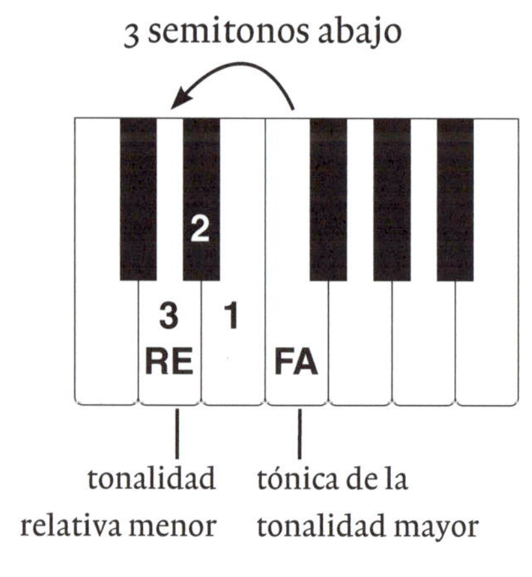

pianoadventures.lat/adulto

La escala de **RE MENOR NATURAL** comparte la armadura de **FA mayor.**

- Observa el tono entero entre los *grados 7 y 8* de la escala menor natural.
- Practica con manos separadas y luego juntas.

Escala de RE menor natural

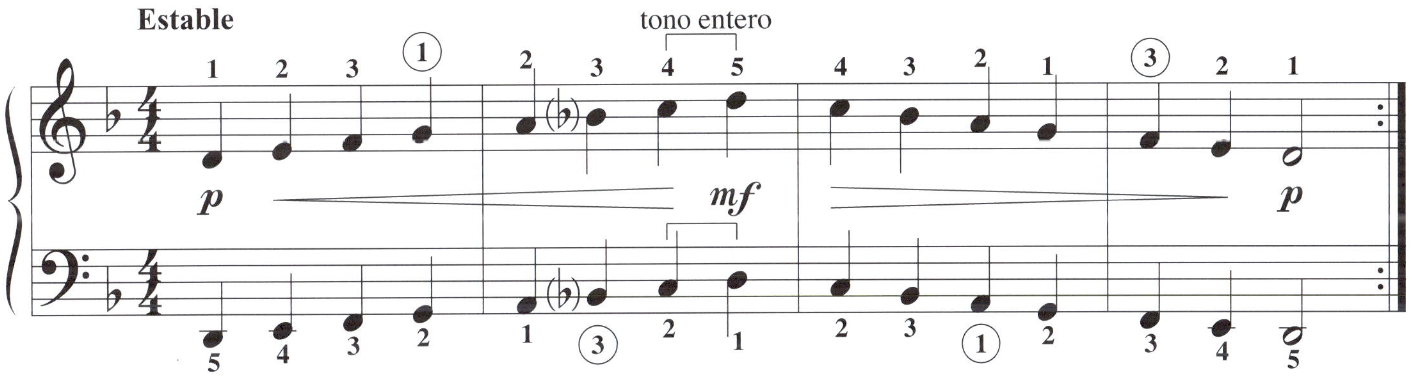

En la escala menor ARMÓNICA, el 7.º grado sube un semitono.

Así se forma un **semitono** entre los *grados 7 y 8*, creando la sensible que resuelve a la tónica.
Recuerda, para subir el 7.º grado usamos una alteración accidental.

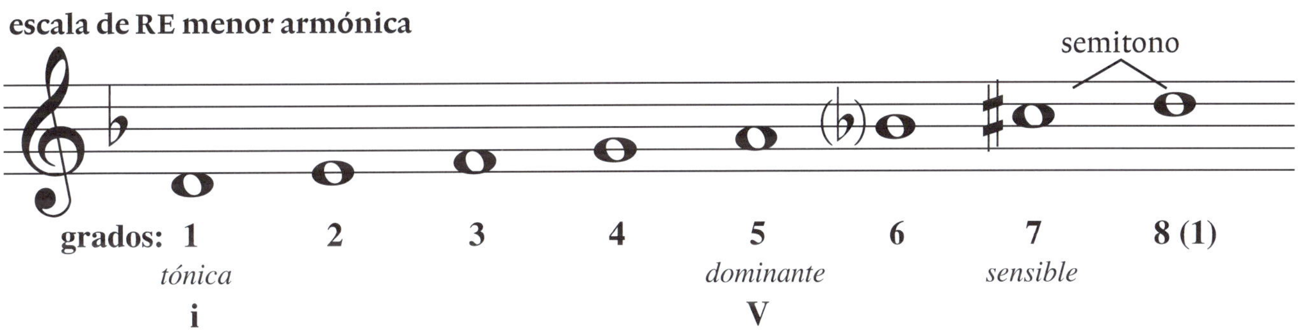

- Practica con manos separadas y luego juntas.
- Escucha el paso de la *sensible* a la *tónica.*

Escala de RE menor armónica

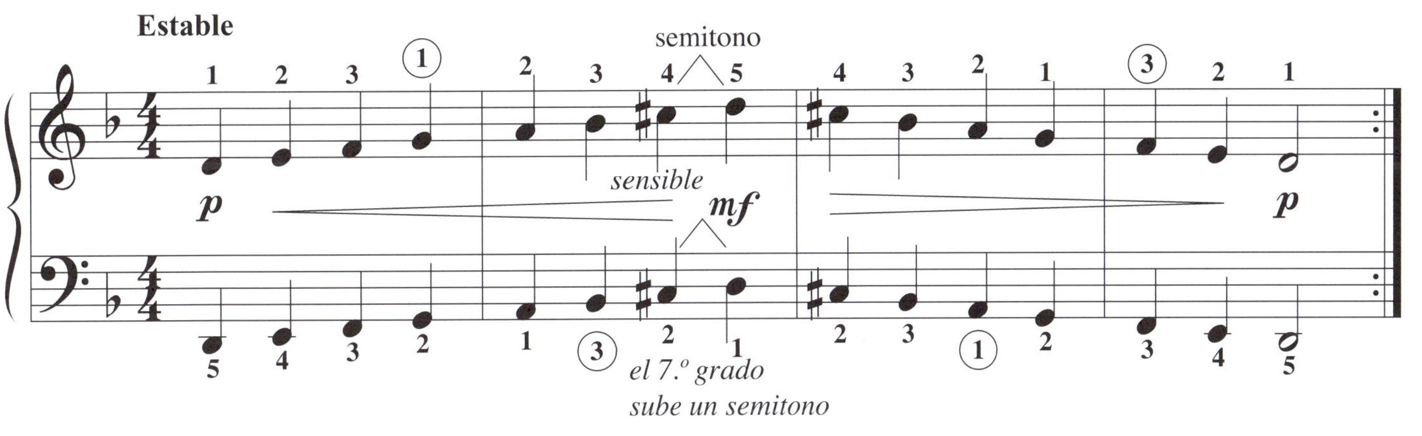

Acordes básicos en RE menor: i - iv - V7

Repaso: en las tonalidades menores los acordes de **i** y **iv** son menores.
El acorde de **V** normalmente es mayor.

■ Toca los acordes básicos de **RE menor** en POSICIÓN FUNDAMENTAL.

cifrado: **Dm** **Gm** **A*** **A7**

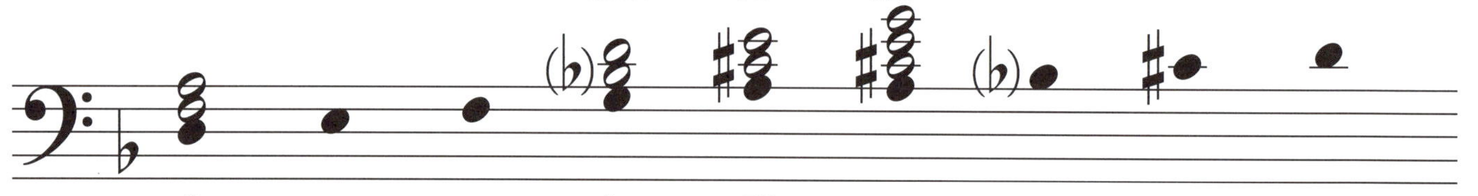

funciones: **i** **iv** **V** **V7**

tónica **subdominante** **dominante** **dominante con 7.ª**

*El acorde de V sería menor según la armadura, pero se usa el acorde mayor por la alteración de la escala armónica.

Inversiones del acorde de iv: Gm

Repaso: el **acorde de iv** se puede *invertir*.

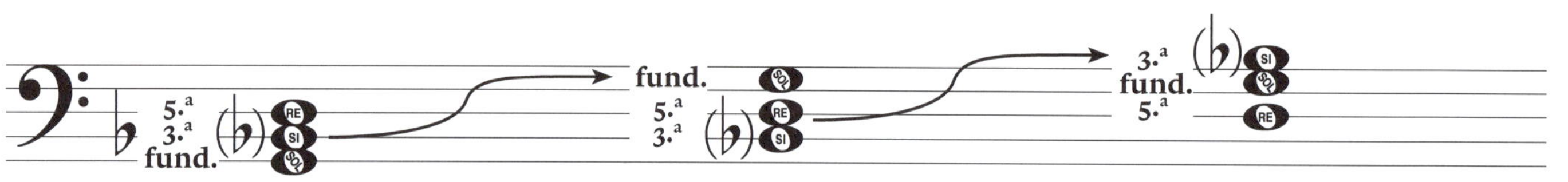

pos. fund. La fund. en el bajo.	**1.ª inv.** La 3.ª en el bajo La fund. sube.	**2.ª inv.** La 5.ª en el bajo.

RE menor: acordes de i-iv en posición cercana

La **2.ª inversión** del **acorde de iv** (Gm) permite tocar **i-iv** en posición cercana.

Estable

Dm (pos. fund.) **Gm** (2.ª inv.) **Dm** **Gm** **Dm**

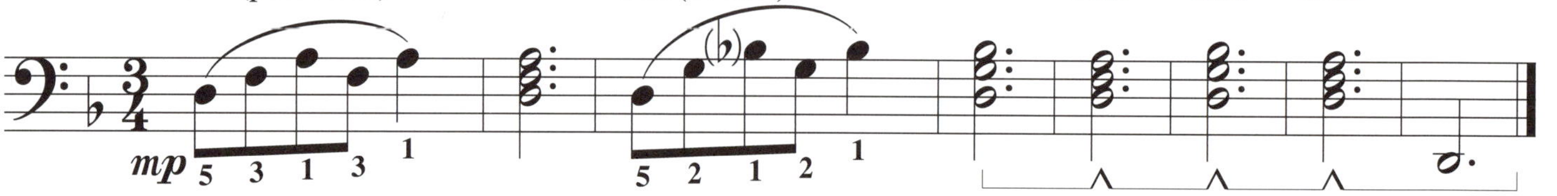

Acorde de V7 en RE menor: A7

El **acorde de A7** tiene cuatro notas que suben por **3.ªs** desde **LA.**

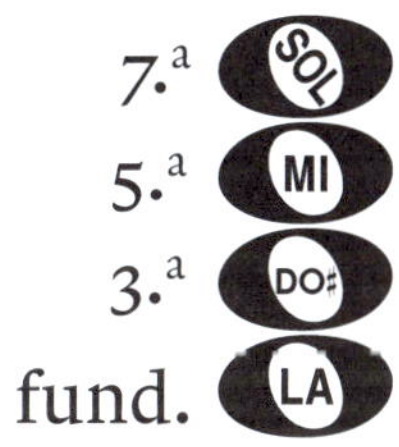

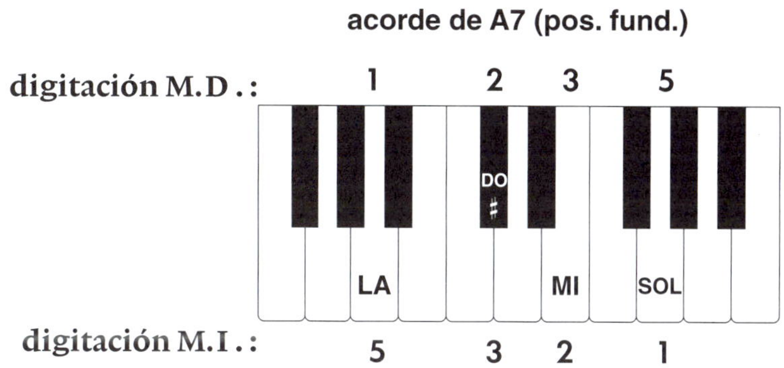

LA es el *quinto grado* (dominante) en RE menor.
El acorde de **A7** es el **V7** o **dominante con 7.ª** en RE menor.

Inversiones de acorde de V7: A7

El acorde de **V7** se puede *invertir*, omitiendo una nota.

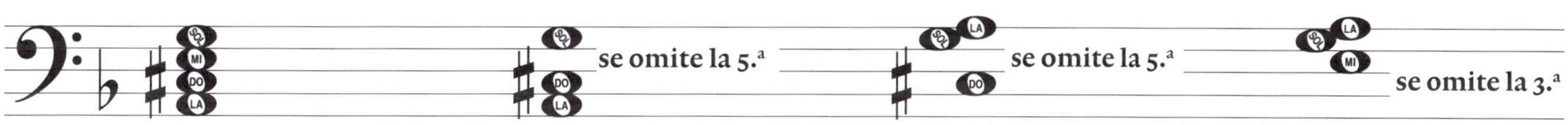

pos. fund. La fund. en el bajo.	**pos. fund.** Se omite la 5.ª. Acorde de A7 de 3 notas.	**1.ª inv.** La 3.ª en el bajo. Se omite la 5.ª.	**2.ª inv.** La 5.ª en el bajo. Se omite la 3.ª.

RE menor: acordes de i-iv-V7 en posición cercana

Las inversiones del **acorde de V7** (A7) permiten tocar **i-iv-V7** en *posición cercana.*

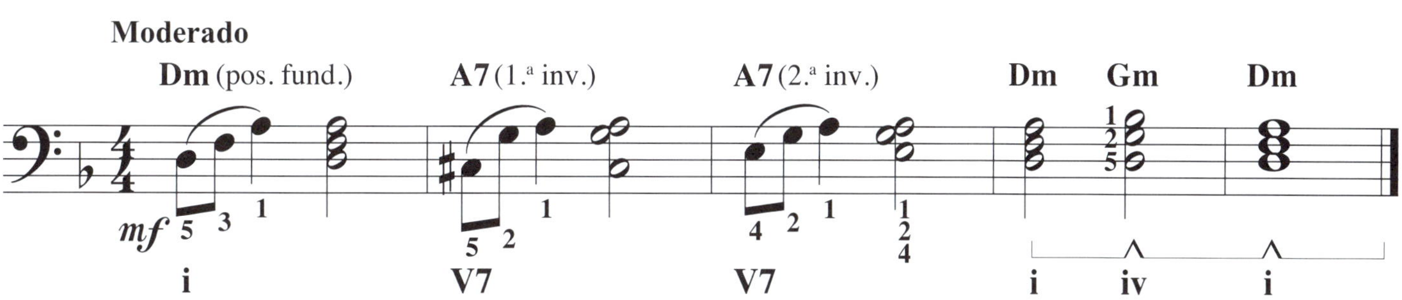

Habanera es el aria más famosa de la ópera *Carmen* de Georges Bizet. El ritmo bailable de la habanera le aporta un toque exótico a esta historia ambientada en España.

Habanera comienza en **RE menor** y cambia a **RE mayor** en el *compás 10.*

La sonoridad exótica de la sección menor contrasta con el caracter triunfante de la sección mayor.

Habanera
(de la ópera *Carmen*)

Georges Bizet
(1838–1875, Francia)
adaptación

DESCUBRIMIENTO

Habanera usa los acordes básicos de RE menor (**i, iv, V7**) y de RE mayor (**I, IV, V7**).
Escribe los números romanos debajo del pentagrama de clave de FA.

sfz **— *sforzando***

Acento marcado y súbito.

Velo que bonito

____ mayor/menor

Tradicional de Colombia

DESCUBRIMIENTO

Nombra el acorde que se toca en los últimos dos compases.

Balance entre las manos

- Destaca la melodía usando el **peso del brazo,** apoyándote hasta el fondo de las teclas.
- Toca el acompañamiento suavemente, desde la superficie de las teclas, usando *menos* peso.

Tema y variaciones con la escala de RE menor

Tema

Cuando puedas tocar el *tema* (página 118) con facilidad, practica estas *variaciones* que usan diferentes acompañamientos con los acordes de **i, iv,** y **V7.**

Variación 1: Acompañamiento de vals

Completa la *Variación 1* tocando los *compases 9-14* de la página anterior.

Variación 2: Acompañamiento de acordes quebrados

Completa la *Variación 2* tocando los *compases 9-14* de la página anterior.

Instrucciones

- Primero toca solo la melodía.
- Luego, con la M.I. en *staccato*, añade **acordes en bloque** en el *primer tiempo* de cada compás (mira los acordes en la siguiente página).

  Recuerda: las anacrusas no llevan acordes.

Ojos negros

RE menor

lead sheet

Tradicional de Rusia

pianoadventures.lat/adulto

Tabla de acordes

Practica los acordes de *Ojos negros.*

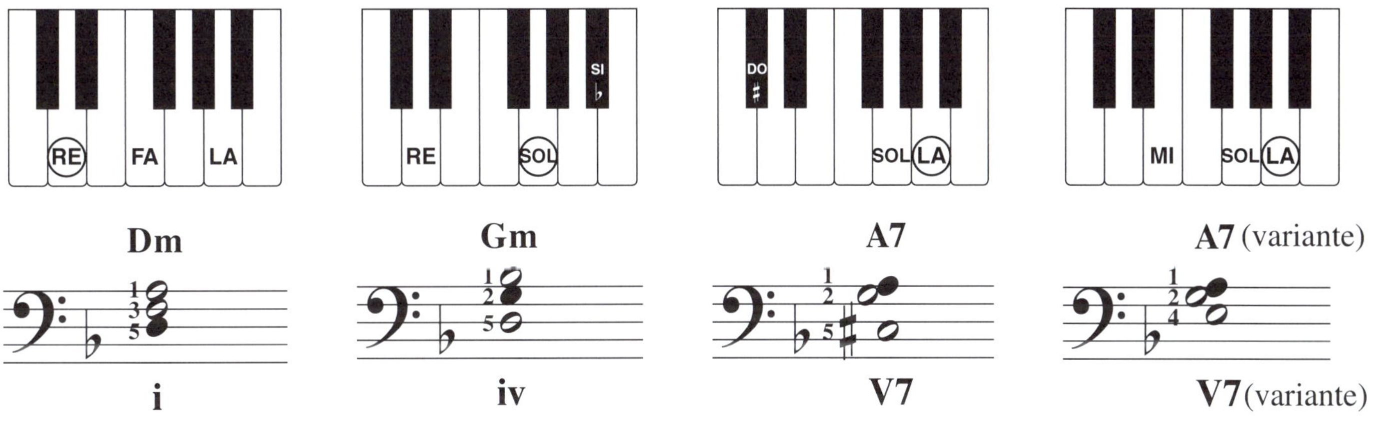

Acompañamiento de acordes con ritmo

Cuando puedas tocar cómodamente los **acordes en bloque**, prueba este patrón de acompañamiento.

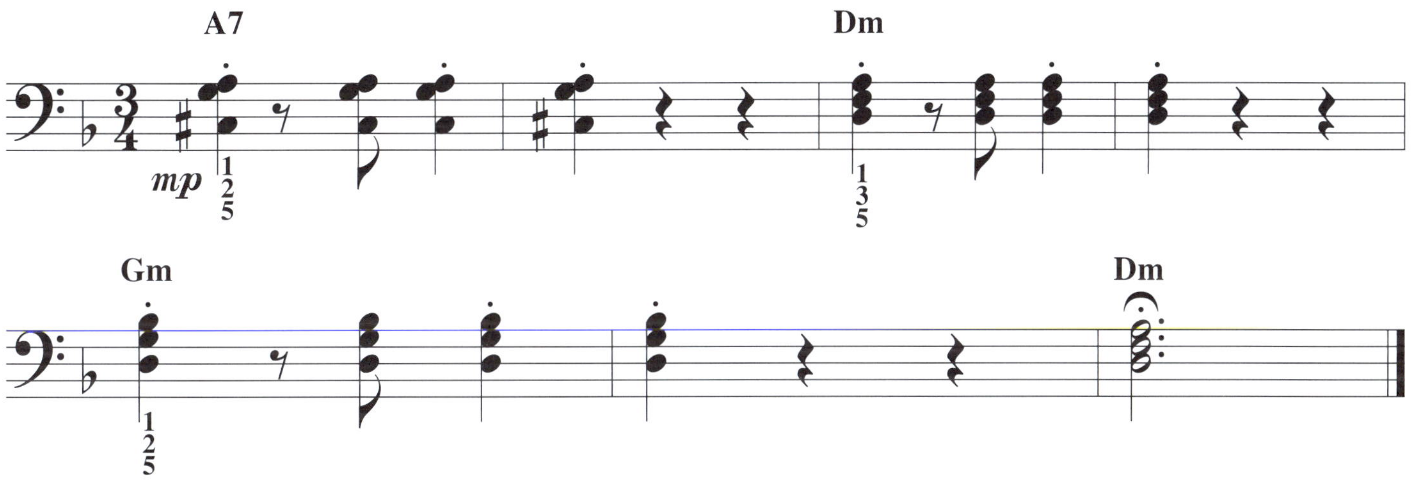

Ejemplo:

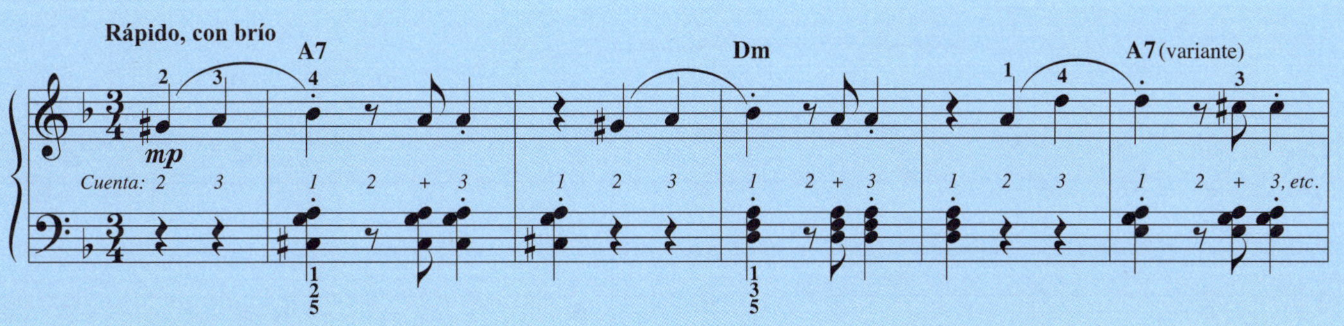

Signos de compás de 3/8 y 6/8

Nuevo signo de compás

3 — 3 tiempos por compás
8 — la corchea ♪ dura 1 tiempo

Valores de las notas en 3/8

♪ = 1 tiempo ♩ = 2 tiempos ♩. = 3 tiempos

Estos son algunos patrones rítmicos comunes en 3/8.

■ Marca el ritmo y cuenta en voz alta (puedes poner el metrónomo en ♪ = 160).

Patrón 1 — Patrón 2 — Patrón 3

Cuenta: 1 2 3 | 1 2 3 | 1 - 2 3 | 1 - 2 3 | 1 2 - 3 | 1 2 - 3

La mar estaba serena

____ mayor/menor

Canción tradicional del Perú
adaptación

Andante espressivo (♪ = 108-126)

DESCUBRIMIENTO Encuentra cada uno de estos patrones rítmicos en la pieza.

Nuevo signo de compás

6 — 6 tiempos por compás
8 — la **corchea** ♪ dura 1 tiempo

El compás de 6/8 es una combinación de 3/8 + 3/8.

- Marca y cuenta estos ritmos en 6/8 (♪ = 144-160).
- Luego toca cada ritmo con el acorde sugerido.

Valores de las notas en 6/8

♪ (o 𝄾) = 1 tiempo

♩ (o 𝄽) = 2 tiempos

♩. (o 𝄽.) = 3 tiempos

𝅗𝅥. (o 𝄼) = 6 tiempos

Patrón 1: ♩♪

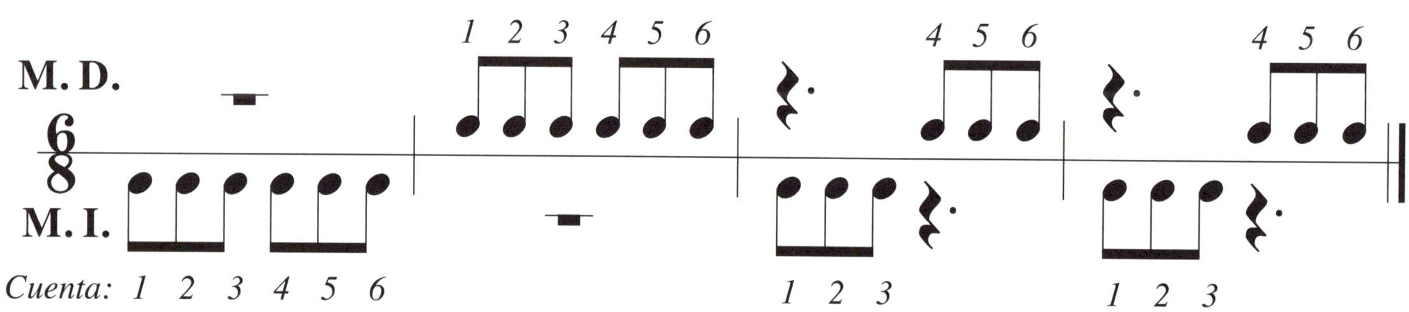

- Ahora toca con **acordes de DO mayor.**

Patrón 2: ♩ ♪

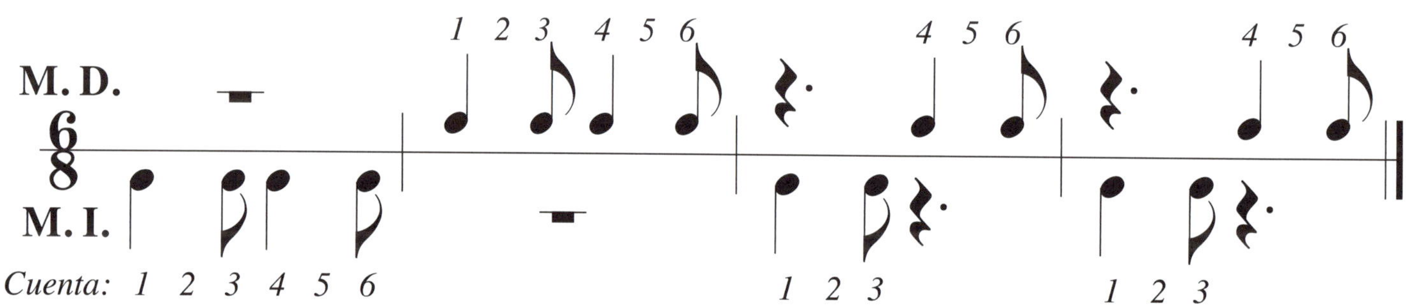

- Ahora toca con **acordes de RE menor.**

Patrón 3: ♩. ♩.

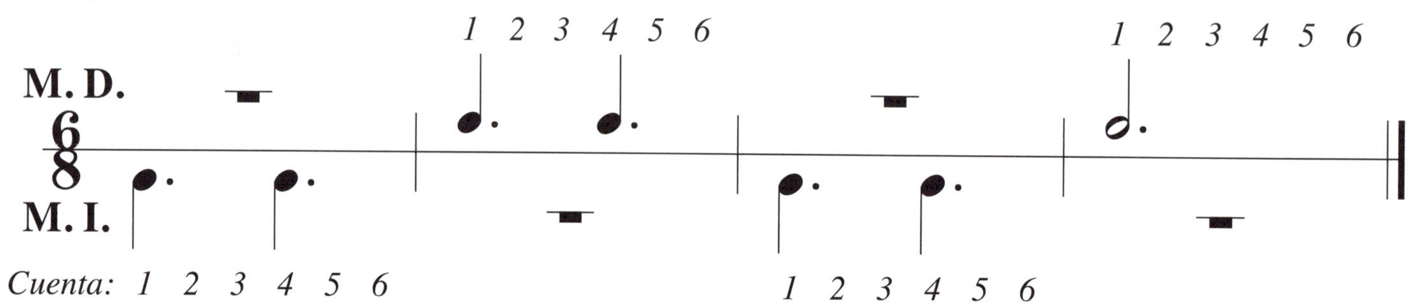

- Ahora toca con **acordes de FA mayor.**

Melodías conocidas en $\frac{6}{8}$

Todas estas melodías están en $\frac{6}{8}$.

- Escribe los tiempos *"1 2 3 4 5 6"* debajo de cada compás.
- Luego toca las melodías (puedes tocar "de oído" si quieres).

On Wings of Song

Felix Mendelssohn

Andante

Escribe: 6 1 2 3 4 5 6

Barcarola

Jacques Offenbach

Suave

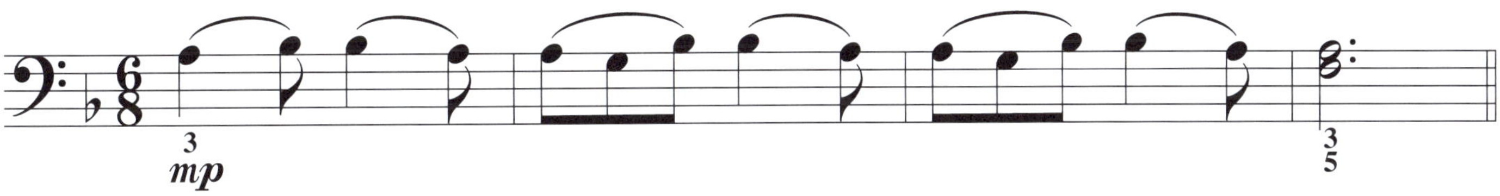

Escribe: 1 2 3 4 5 6

Tarantella Napoletana

Alegre

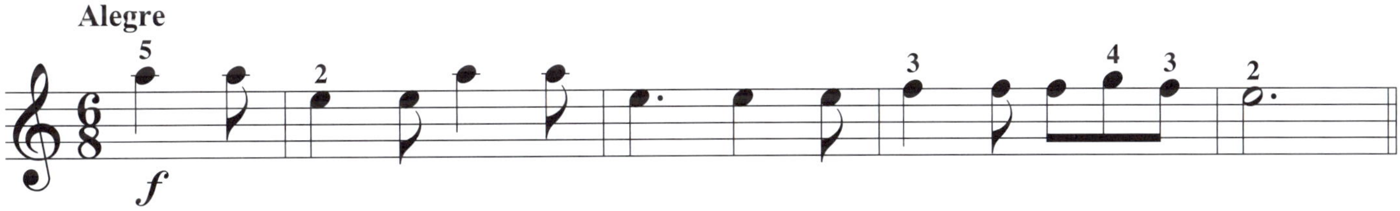

Escribe: 4 5 6 1 2 3 4 5 6

Jarabe Tapatio

Vivaz

Escribe: 4 5 6 1 2 3 4 5 6

DESCUBRIMIENTO Encierra en un círculo el patrón rítmico (♩ ♪) cada vez que aparece.

Esta danza se interpretaba con gaitas escocesas que producían un fuerte y permanente pedal de 5.as.

Vienen los Campbell

____ mayor/menor

- Antes de tocar, dibuja las barras de compás para los *compases 13-24*.

Tradicional de Escocia
adaptación

Con brío (♩. = 96-108)

DESCUBRIMIENTO

Transpón esta pieza a **DO mayor.**
Pista: en el *compás 9* la M.I. subirá a la 5.ª LA-MI.

En tempos rápidos, el compás de $\frac{6}{8}$ se siente como un compás de **2 tiempos.** La ♩. dura un tiempo.

Marca este ritmo, contando en voz alta.

Cuenta: 1 2 1 y más 2

Funiculí, funiculá

____ mayor

Luigi Denza
(1846-1922, Italia)
adaptación

■ Observa que la M.I. marca los dos "tiempos grandes" de cada compás.

Moderato, "a dos" (♩. = 104-120)

DESCUBRIMIENTO En tempos rápidos, $\frac{6}{8}$ se siente como *(encierra)*: 6 tiempos por compás 2 tiempos por compás

■ Siente dos tiempos de ♩. por compás.

Estudio de acordes "a dos"

____ mayor/menor

■ Transpón este estudio a **FA mayor** y **DO mayor.**

pianoadventures.lat/adulto

- Observa el tempo *andante*. Siente la elegancia de este estudio de pedal con 6 tiempos por compás.

Estudio de pedal

(para la M.I.)

____ mayor/menor

pianoadventures.lat/adulto

Las barcarolas son las canciones de los gondoleros de Venecia. Por su caracter sentimental y melancolico fueron usadas a menudo en las óperas del periodo romantico.

Instrucciones

- Primero toca solo la melodía con pedal.
- Luego añade **acordes en bloque** con la M.I. en el *primer tiempo* de cada compás, como se indica.

Barcarola

(de la ópera *Los cuentos de Hoffmann*)

Jacques Offenbach
(1819–1880, Francia)

pianoadventures.lat/adulto

IEFF1334ES

Tabla de acordes

Practica los acordes de *Barcarola.*

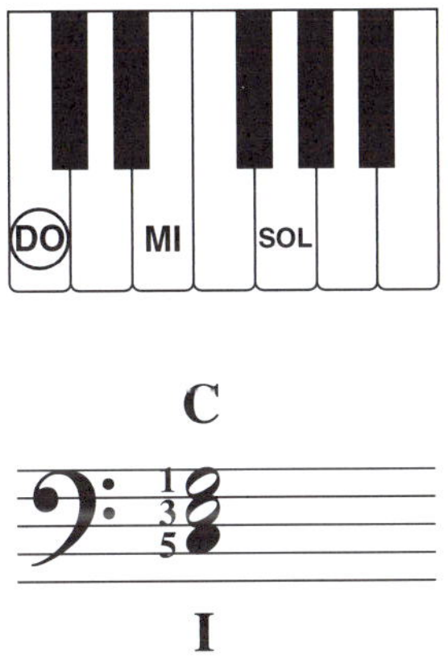

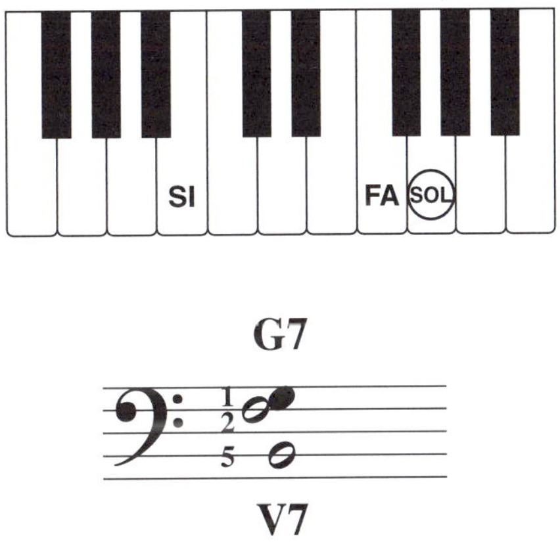

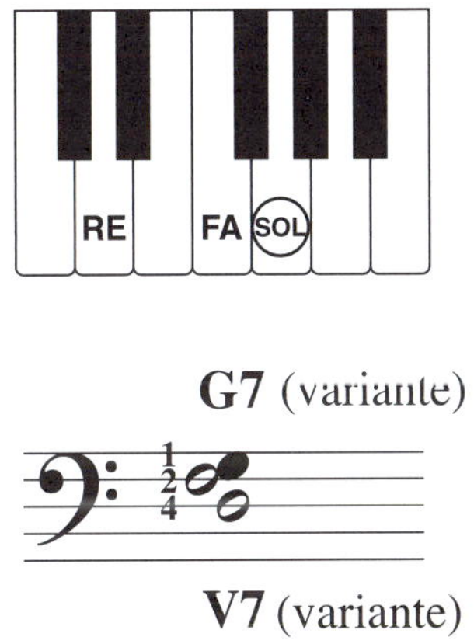

Acompañamiento de acordes "balanceándose"

Cuando puedas tocar cómodamente los **acordes en bloque**, pueba este patrón de acompañamiento.

Ejemplo:

unidad 12

Más líneas adicionales

Repaso

Las líneas adicionales nos sirven para extender el pentagrama.
Las piezas de esta unidad exploran las notas en líneas adicionales *superiores*, *inferiores* y *centrales*.

Consejo de lectura: las notas **LA-DO-MI** están a una 3.ª de distancia.
Este patrón te ayudará a leer las notas en líneas adicionales SUPERIORES, INFERIORES y CENTRALES.

■ Toca estos ejercicios en el piano. Observa que el *compás 1* tiene saltos y el *compás 2* tiene pasos.

1. Líneas adicionales superiores

2. Líneas adicionales centrales

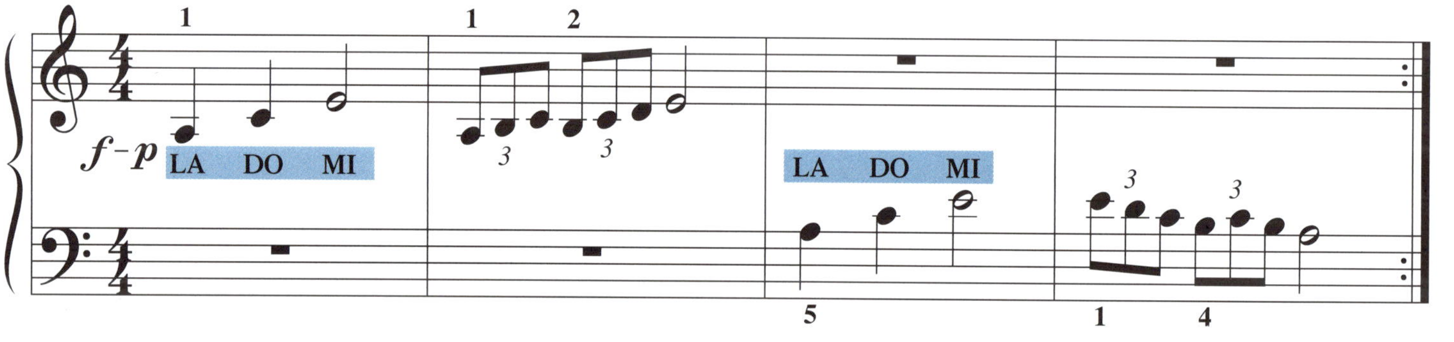

3. Líneas adicionales inferiores

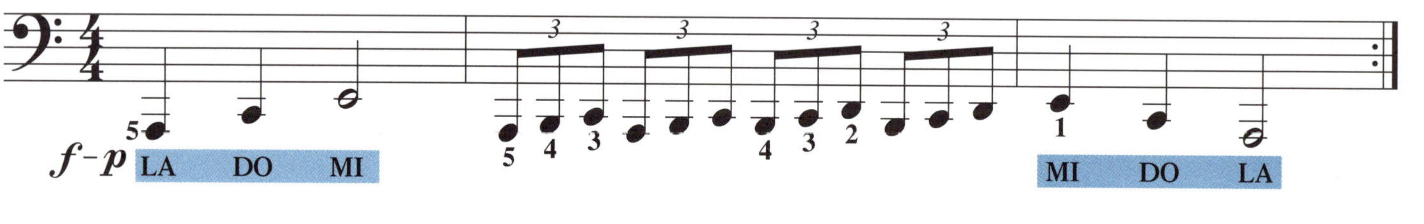

Marcha eslava

Peter Ilyich Tchaikovsky
(1840–1893, Rusia)
adaptación

Marcha lenta (♩ = 72)

DESCUBRIMIENTO

La forma de esta pieza es **A A^1**.
¿Cuáles dos notas en líneas adicionales inferiores aparecen en la sección **A^1**?

En la sala del rey de las montañas

(de la *Suite Peer Gynt No. 1*)

____ mayor/menor

Edvard Grieg
(1843–1907, Noruega)
adaptación

10
Vivo
mp
13
mf
f
16
18
ff
p
22
f
sfz
8va

Edvard Grieg escribió la música para la obra teatral Peer Gynt, una colorida historia folclórica que cuenta los viajes y aventuras de un niño noruego. La mañana suena en el cuarto acto, cuando el joven Peer Gynt llega a Africa.

La mañana

(de la *Suite Peer Gynt No. 1*)

____ mayor/menor

- Observa que la M.I. está en clave de SOL en los *compases* 33-40.

Edvard Grieg
(1843–1907, Noruega)
adaptación

Moderadamente lento

22
27
32
MI
DO
LA
f
37
dim.
rit.
pp
a tempo
43
pp

Consejos técnicos

- Deja caer el peso del brazo en el primer tiempo de cada compás (dedo 4 de la M.I.).
- Toca con el pulgar ligero en la M.D. para lograr un sonido suave y *legato.* Toca cada escala como un gesto continuo que pasa de una mano a la otra.

Escalas ascendentes

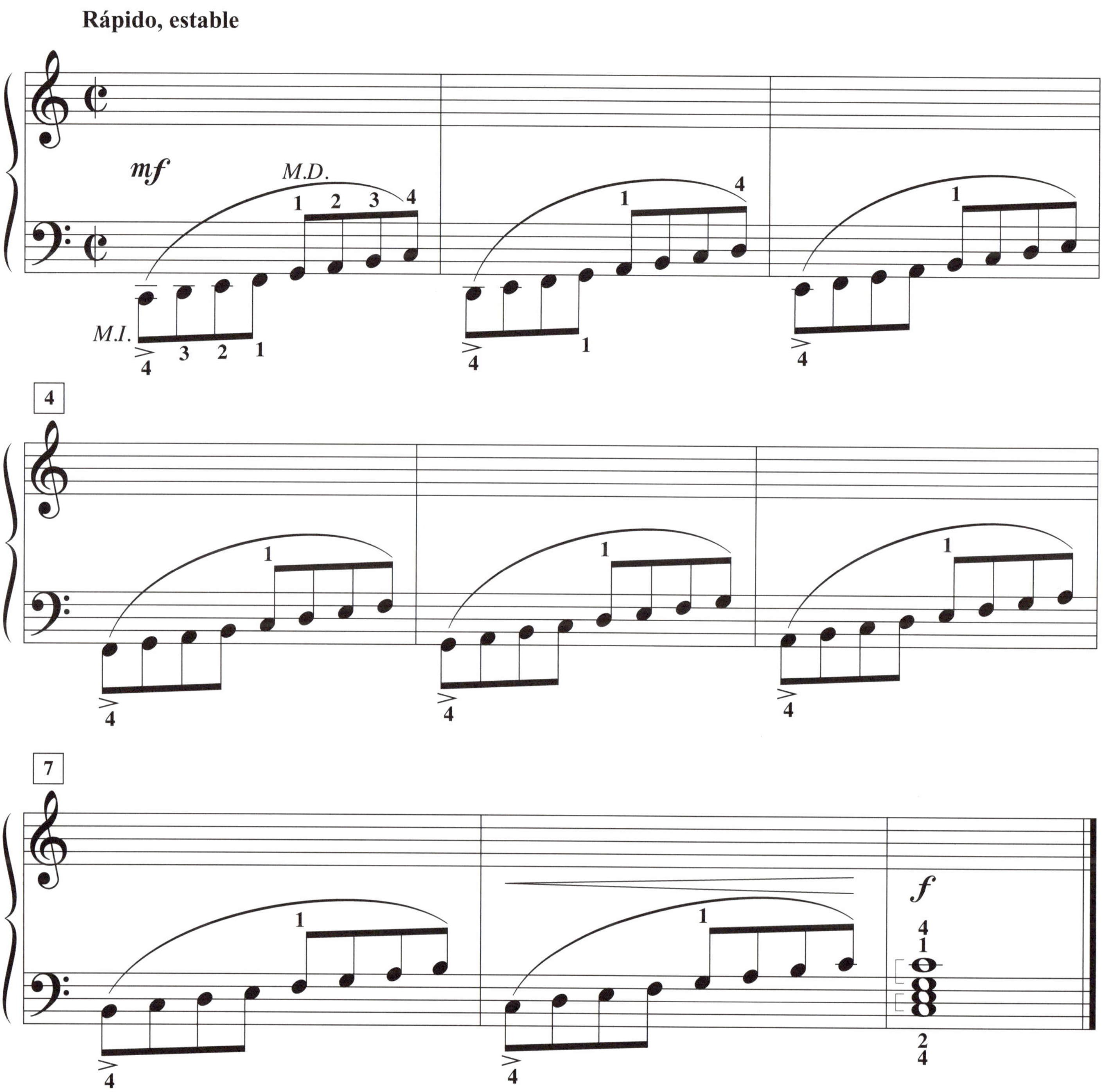

- Repite *Escalas ascendentes* con *swing*.

Consejos técnicos

- Deja caer el peso del brazo en el primer tiempo de cada compás (dedo 4 de la M.D.)
- Toca con el pulgar ligero en la M.I. para lograr un sonido suave y *legato*. Toca cada escala como un gesto continuo que pasa de una mano a la otra.

Escalas descendentes

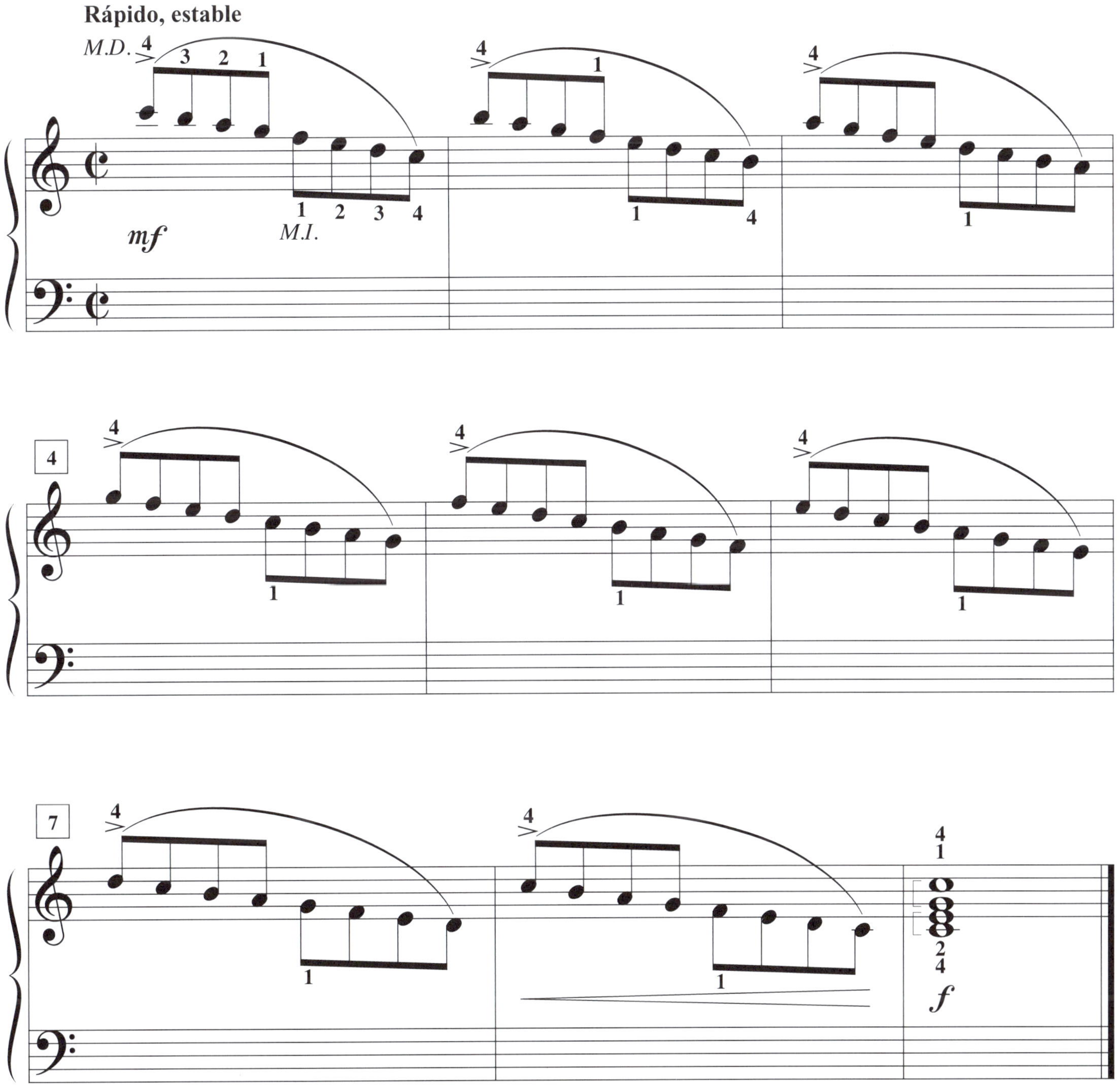

- Repite *Escalas descendentes* con *swing*.

La luciérnaga, original de una opereta alemana, ha sido usada en musicales de Broadway y fue grabada por artistas como los Mills Brothers y Spike Jones.

Instrucciones

- Primero toca solo la melodía para practicar la lectura de notas en líneas adicionales superiores.
- Luego añade **acordes en bloque** con la M.I. en el *primer tiempo* de cada compás, como se indica.

La luciérnaga

(de la opereta *Lisístrata*)
lead sheet

Paul Lincke
(1866-1946, Alemania)

Cuando puedas tocar cómodamente los **acordes en bloque**, prueba estos dos patrones de acompañamiento.

Patrón de acordes quebrados en blancas

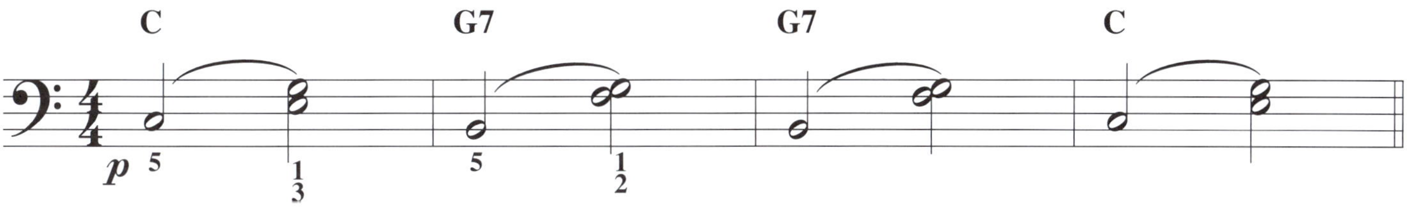

Ejemplo:

Patrón de acordes quebrados en negras

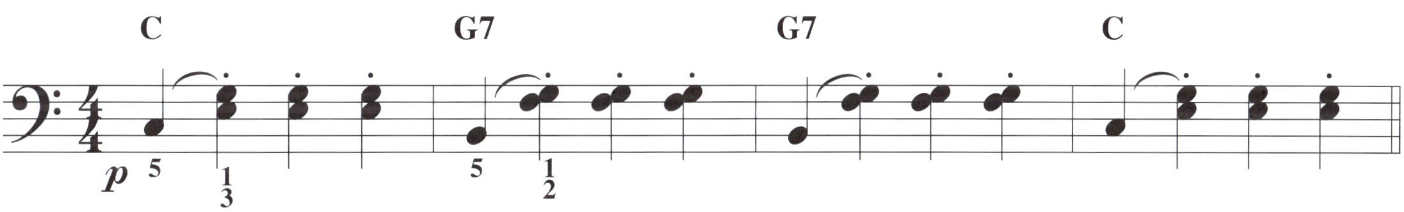

Ejemplo:

Tonalidad de MI menor

SOL mayor y MI menor

Repaso: la escala **relativa menor** comienza en el *6.º grado* de la escala mayor.

Nuevo: la tonalidad de **MI menor** es la RELATIVA MENOR de **SOL mayor** (MI es el 6.º grado de la escala en SOL mayor). **MI menor** y **SOL mayor** tienen la misma armadura: un sostenido (FA♯).

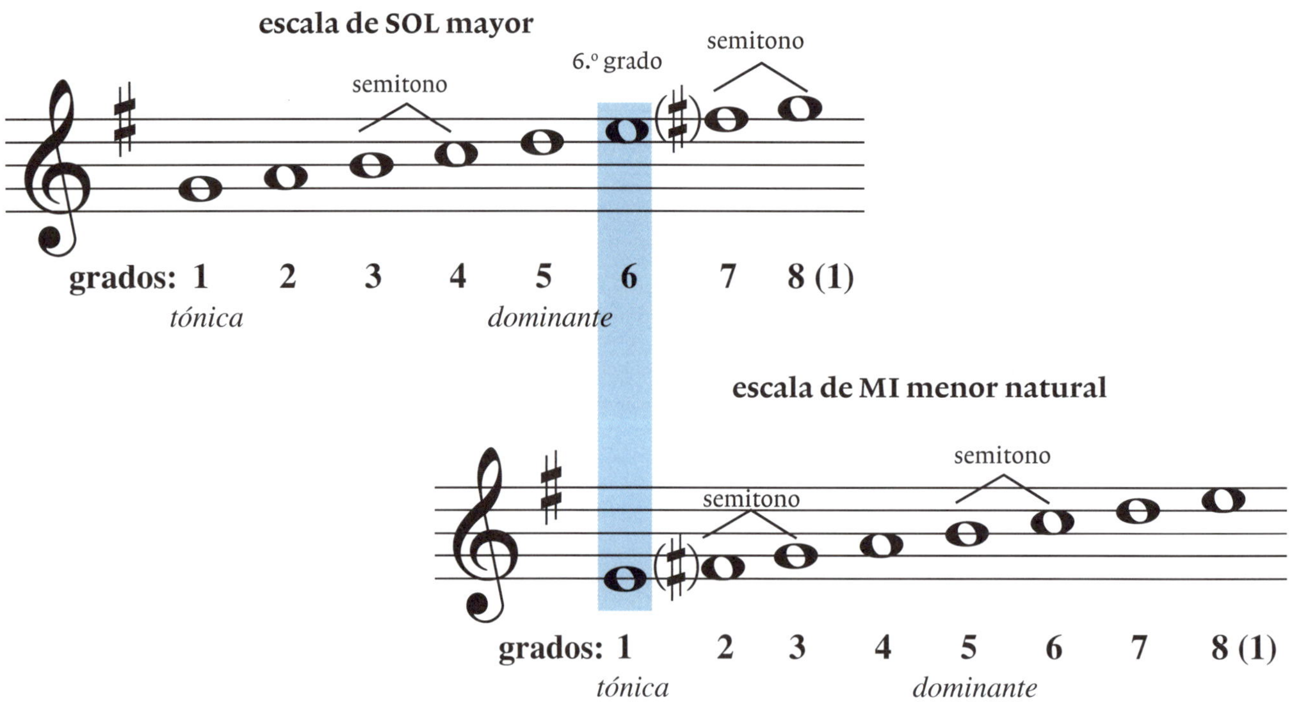

Toca y escucha

- Toca y escucha la **escala de SOL mayor**.
  La escala mayor tiene **semitonos** entre los *grados 3-4* y *7-8*.

- Ahora toca la **escala de MI menor natural** (la relativa menor).
  Escucha la diferencia en el sonido. La escala menor natural tiene semitonos entre los *grados 2-3* y *5-6*.

Recuerda

También puedes encontrar la **tonalidad relativa menor** contando 3 semitonos hacia abajo desde la *tónica* de la tonalidad mayor.

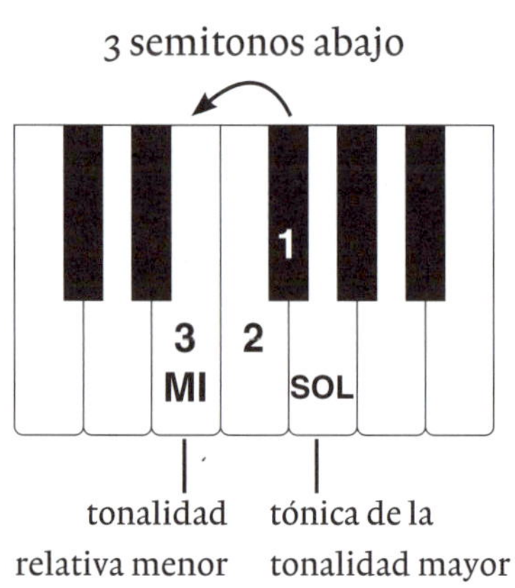

La escala de **MI MENOR NATURAL** comparte la armadura de **SOL mayor.**

- Observa el tono entero entre los *grados 7 y 8* de la escala menor natural.
- Practica con manos separadas y luego juntas.

Escala de MI menor natural

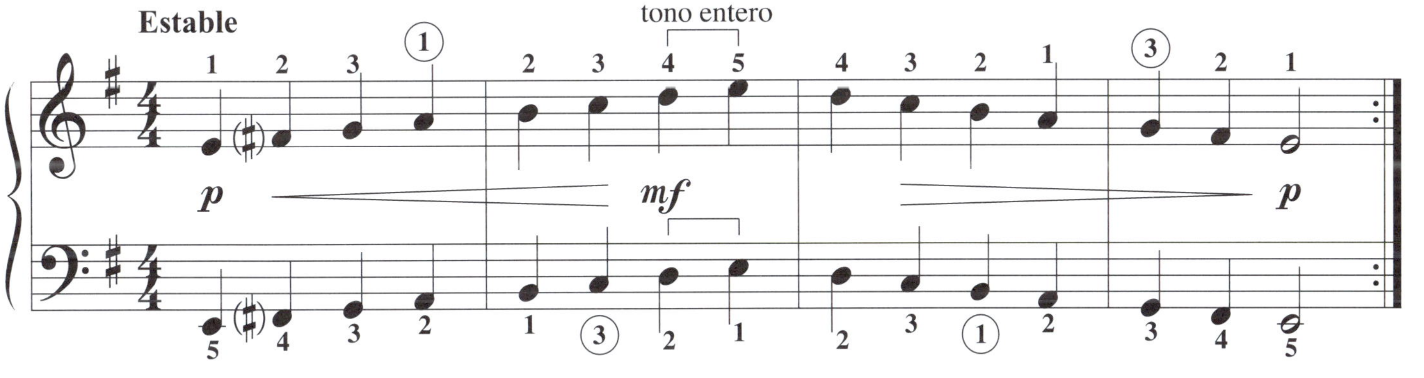

En la escala menor ARMÓNICA, el 7.º grado sube un semitono.

Así se forma un **semitono** entre los *grados 7 y 8*, creando la sensible que resuelve a la tónica.
Recuerda, para subir el 7.º grado usamos una alteración accidental.

escala de MI menor armónica

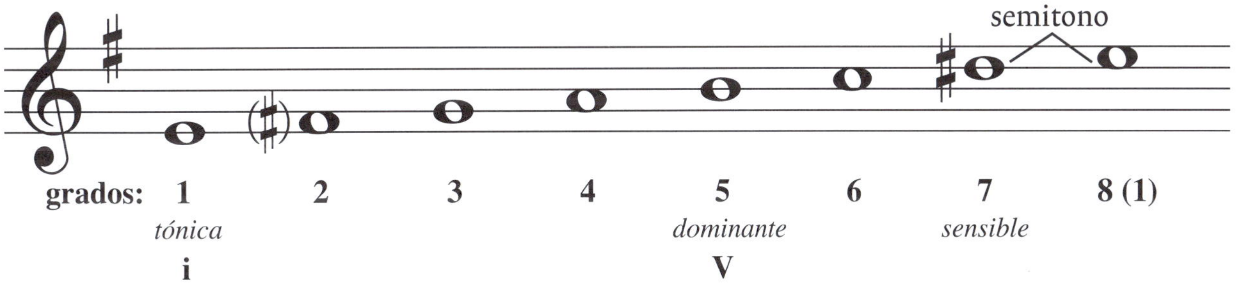

- Toca con manos separadas y luego juntas.

Escala de MI menor armónica

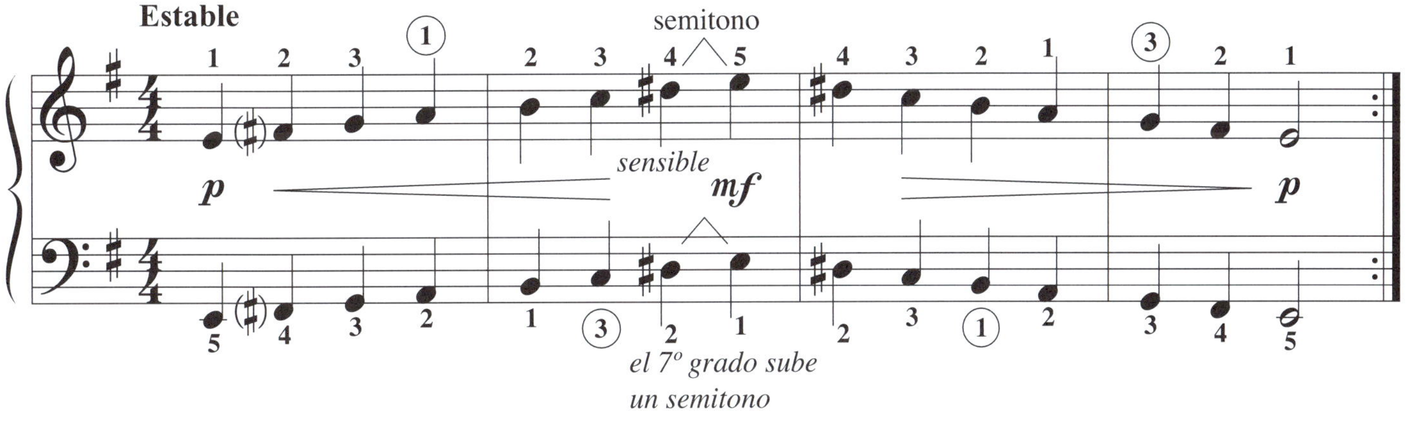

Acordes básicos en MI menor: i - iv - V7

Repaso: en las tonalidades menores los acordes de **i** y **iv** son menores.
El acorde de **V** normalmente es mayor.

- Toca los acordes básicos de **MI menor** en POSICIÓN FUNDAMENTAL.

Inversiones del acorde de iv: Am

Repaso: el acorde de **iv** se puede invertir.

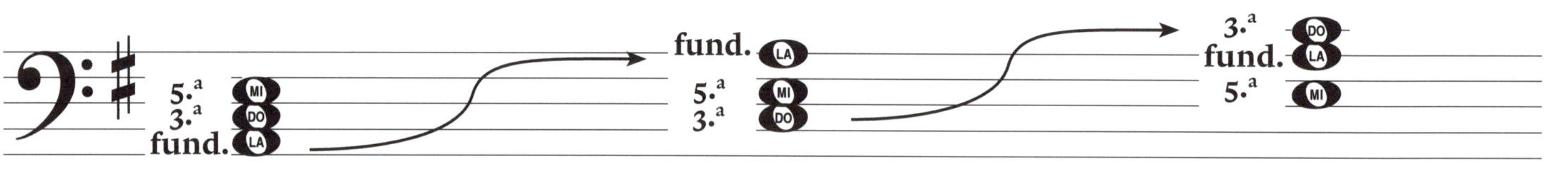

pos. fund.	**1.ª inv.**	**2.ª inv.**
La fund. en el bajo.	La 3.ª en el bajo. La fund. sube.	La 5.ª en el bajo.

MI menor: acordes de i-iv en posición cercana

La **2.ª inversión** del **acorde de iv** (Am) permite tocar **i-iv** en *posición cercana.*

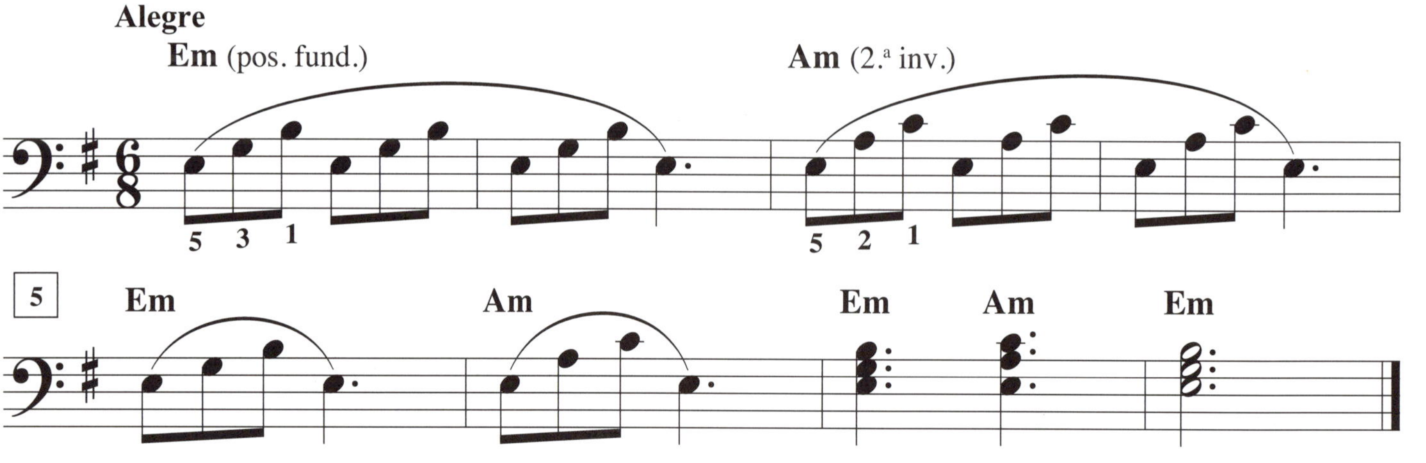

IEFF1334ES

Acorde de V7 en MI menor: B7

El **acorde de B7** tiene cuatro notas que suben por **3.as** desde **SI.**

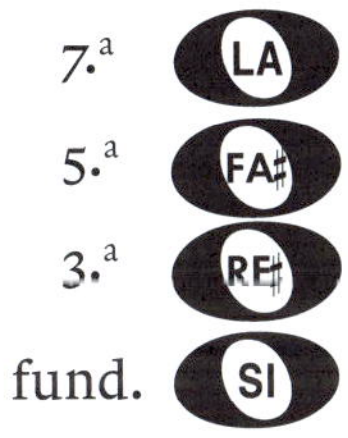

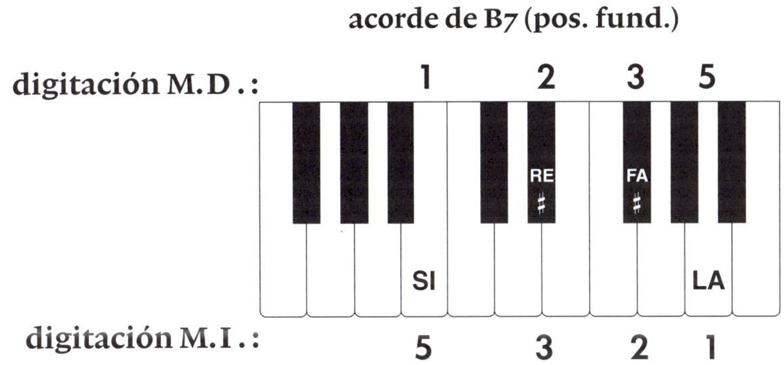

SI es el *quinto grado* (dominante) en MI menor.
El acorde de **B7** es el **V7** o **dominante con 7.ª** en MI menor.

Inversiones del acorde de V7: B7

El acorde de **B7** se puede *invertir*, omitiendo una nota.

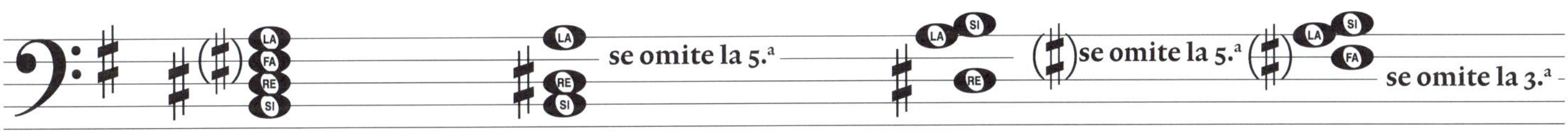

pos. fund. La fund. en el bajo.	**pos. fund.** Se omite la 5.ª. Acorde de B7 de 3 notas.	**1.ª inv.** La 3.ª en el bajo. Se omite la 5.ª.	**2.ª inv.** La 5.ª en el bajo. Se omite la 3.ª.

MI menor: acordes de i-iv-V7 en posición cercana

Las inversiones del **acorde de V7** (B7) permiten tocar **i-iv-V7** en *posición cercana*.

Signo de tenuto

Significa que hay que mantener la duración completa de la nota.
Pista: presiona la tecla hasta el fondo.

Revisa la forma musical

- Marca cada sección en la partitura.
- ¿Cuál es la forma de la pieza? ______

Eclipse lunar

Moviendose libremente (♩ = 112-113)

■ En los *compases 17-20* la M.D. toca tanto la melodía como la armonía (dos voces). Toca la voz superior ***mf*** con un sonido lleno. Toca la voz interna con el *pulgar ligero.*

DESCUBRIMIENTO Encierra en círculos tres diferentes 7.as en esta pieza.

- Toca expresivamente la melodía de la M.D., dándole forma con los < y >.
- Toca los acordes de la M.I. suavemente, cerca de las teclas.

El lago de los cisnes

Tema de la overtura del segundo acto

____ mayor/menor

Peter Ilyich Tchaikovsky
(1840–1893, Rusia)
adaptación

DESCUBRIMIENTO

Encuentra estos acordes en la pieza: **MI menor** (pos. fund.) **RE mayor** (pos. fund.)
LA menor (2.ª inv.) **DO mayor** (1.ª inv.)

Ejercicio de calentamiento

- Mueve el pulgar detrás de cada dedo que vaya tocando.

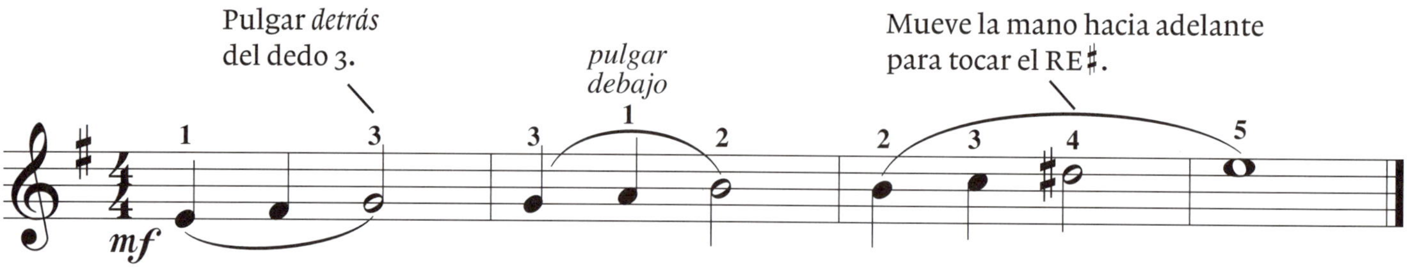

Estudio de la escala de MI menor

- Este estudio usa los **acordes de i, iv** y **V7** en MI menor.

pianoadventures.lat/adulto

Consejos técnicos

- Primero toca cada arpegio como **acorde en bloque.** Luego toca como está escrito. Escucha e intenta lograr un sonido suave y conectado.
- Cuida los **matices.** Para tocar fuerte usa *más* peso del brazo. Para tocar más suave usa *menos* peso.

Estudio de arpegios en MI menor

- Transpón este estudio a **LA menor** y **RE menor.**

Instrucciones

- Primero toca solo la melodía con pedal.
- Luego añade **acordes en bloque** con la M.I. en el *primer tiempo* de cada compás, como se indica.

  Toca todos los acordes en **posición fundamental** excepto el acorde de **B7**, que se puede tocar en 1.ª inversión (posición cercana).

La casa del sol naciente

***lead sheet* en MI menor**

Tradicional de EE.UU

Cuando puedas tocar cómodamente *La casa del sol naciente* con **acordes en bloque,** practica la melodía con estos patrones de acompañamiento.

Patrón de acordes quebrados en 3/4 (♩ 𝅗𝅥)

Ejemplo:

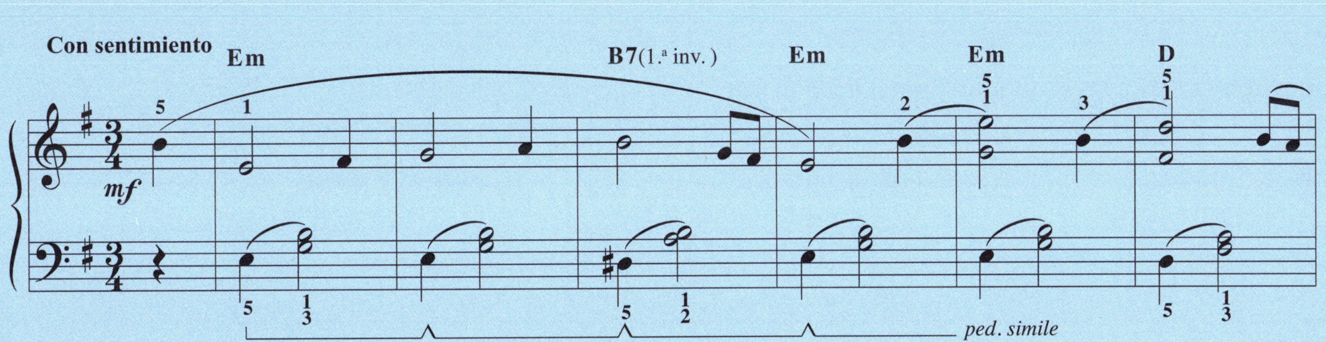

Patrón de acordes quebrados en 3/4 (♫ 𝅗𝅥)

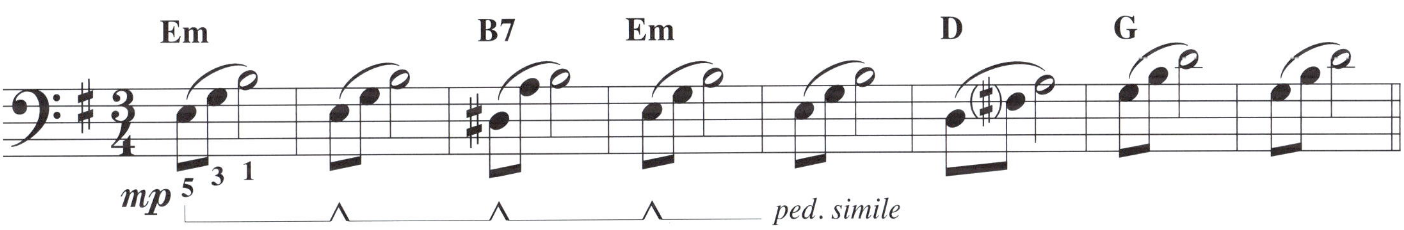

Ejemplo:

unidad **14**

Tonalidad de RE mayor

Escala de RE mayor

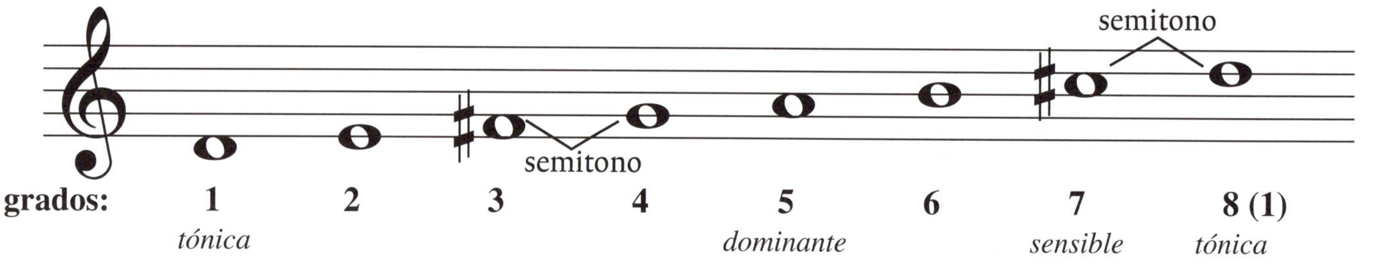

Recuerda, la **escala mayor** se forma por **tonos**, *excepto* por los **semitonos** entre los grados **3-4** y **7-8.**

Encuentra y toca las siguientes notas en RE mayor.

- 1.er grado, la **tónica (RE).**
- 5.to grado, la **dominante (LA).**
- 7.mo grado, la **sensible (DO♯).**

Escucha y descubre

- Toca la **escala de RE mayor** con el dedo 3 de la M.D. Detente en la *sensible.* ¿Escuchas cómo la *sensible* quiere resolver subiendo a la *tónica* (RE)?
- Completa la escala tocando la *tónica.*

Armadura de RE mayor

Para formar los semitonos entre los *grados 3-4* y *7-8*, el **FA** (grado 3) y el **DO** (grado 7) deben ser sostenidos (**DO♯** y **FA♯**).

Dado que la escala de RE mayor tiene FA(♯) y DO(♯), las piezas escritas en **RE mayor** usarán siempre estos dos sostenidos.

En vez de escribir sostenidos antes de cada FA y cada DO, se ponen sostenidos en la *línea de FA* y en el *espacio de DO* al comienzo de cada pentagrama.

Movimiento paralelo

Las notas se mueven en la misma dirección.

Movimiento contrario

Las notas se mueven en direcciones opuestas.

Escala de RE mayor en movimiento paralelo

- Practica con manos separadas y luego juntas.

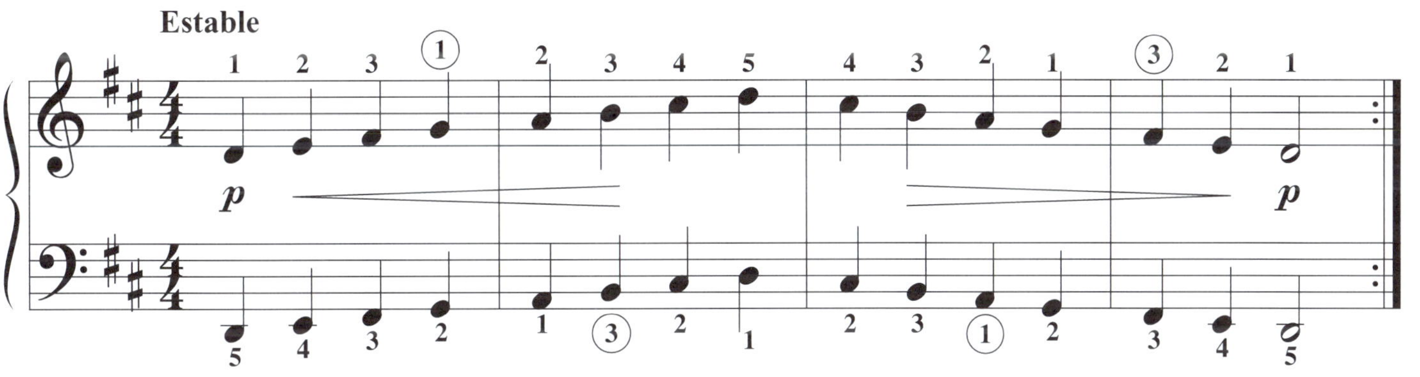

Escala de RE mayor en movimiento contrario

- Observa que en **movimiento contrario** los *mismos* dedos de cada mano tocan *juntos.*

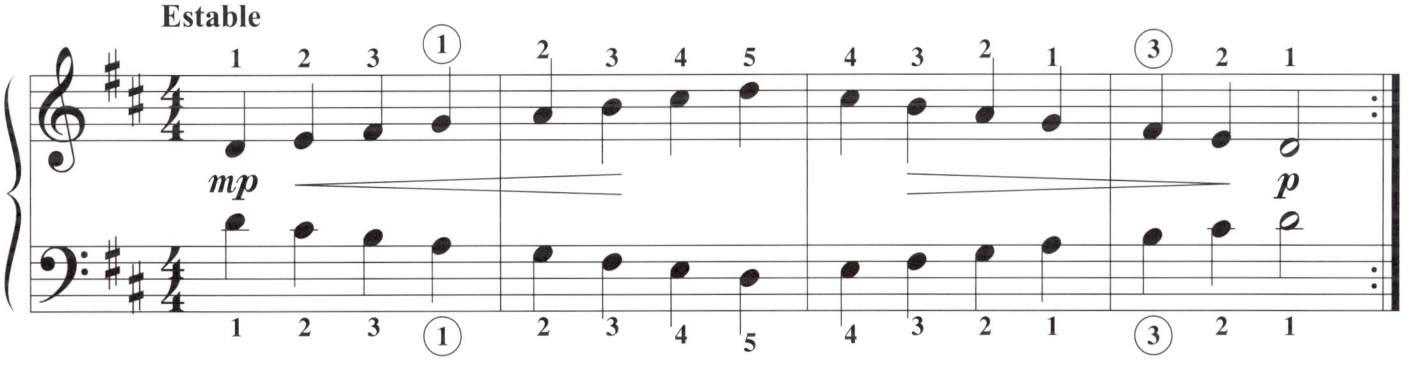

Práctica con metrónomo

Marca un ✓ cuando seas capaz de tocar la escala de RE con **manos separadas** en los siguientes tempos:

legato ♩ = 88 ____ *legato* ♩ = 112____ *legato* ♩ = 144____

staccato ♩ = 88 ____ *staccato* ♩ = 112 ____ *staccato* ♩ = 144 ____

Acordes básicos en RE mayor: I - IV - V7

■ Toca los acordes básicos de **RE mayor** en POSICIÓN FUNDAMENTAL.

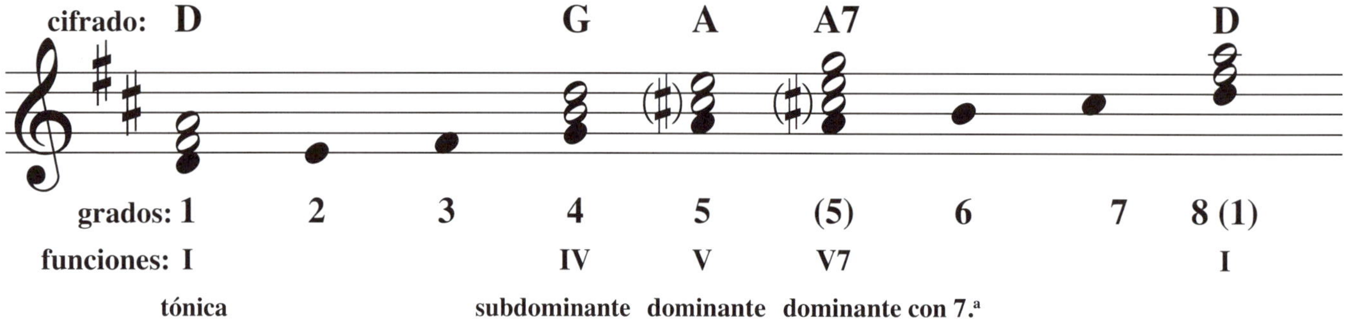

Inversiones del acorde de IV: G

Repaso: el acorde de **IV** se puede *invertir*.

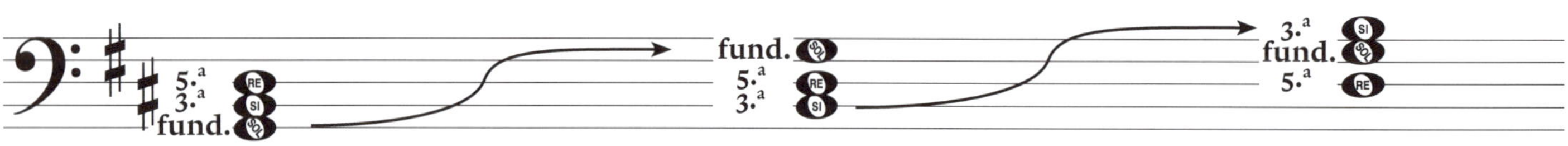

pos. fund.
La fund. en el bajo.

1.ª inv.
La 3.ª en el bajo.
La fund. sube.

2.ª inv.
La 5.ª en el bajo.

RE mayor: acordes de I-IV en posición cercana

La **2.ª inversión** del **acorde de IV** (G) permite tocar **I-IV** en *posición cercana.*

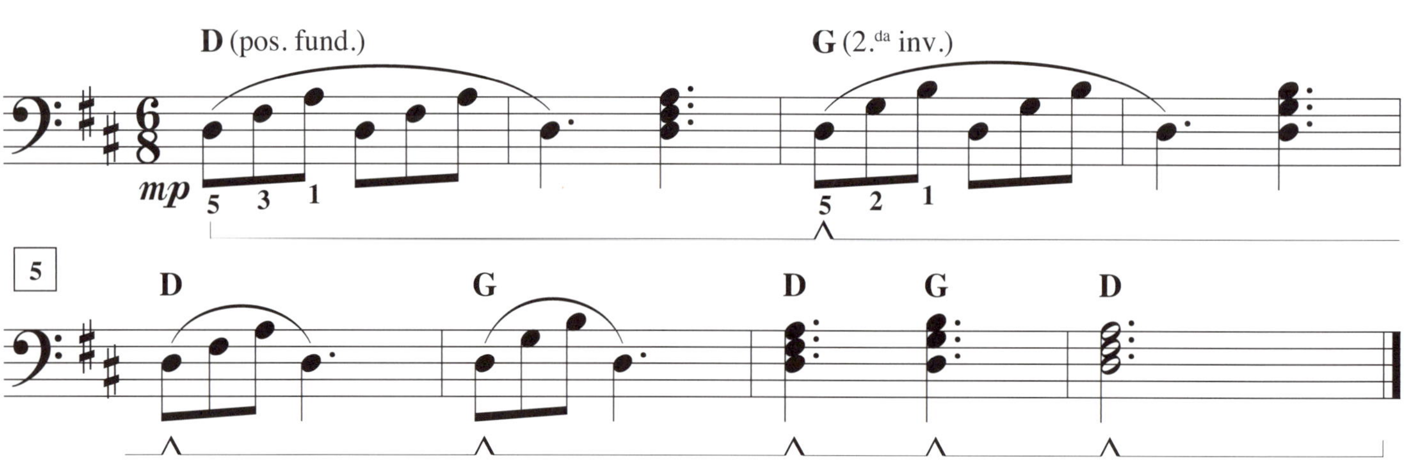

Acorde de V7 en RE mayor: A7

El **acorde de A7** tiene cuatro notas que suben por 3.ªs a partir de **LA**.

Recuerda, si LA (la fundamental) es la nota *más baja*, el acorde está en POSICIÓN FUNDAMENTAL.

acorde de A7 (pos. fund.)

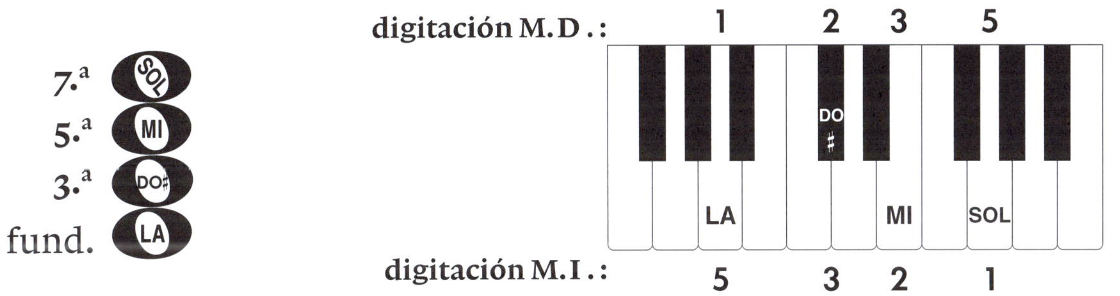

LA es el *quinto grado* (dominante) en RE mayor.
El acorde de **A7** es el **V7** o **dominante con 7.ª** en RE mayor.

Inversiones del acorde de V7: A7

El **acorde de V7** se puede *invertir*, omitiendo una nota.

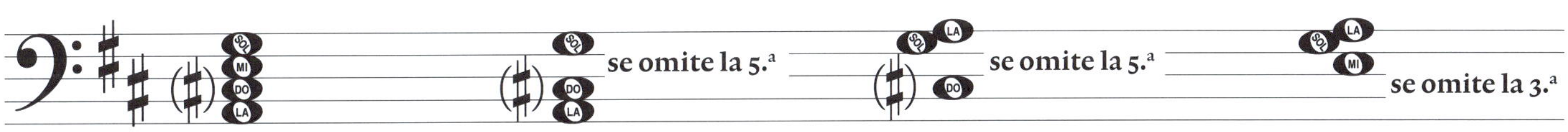

pos. fund. La fund. en el bajo.	**pos. fund.** Se omite la 5.ª. Acorde de A7 de 3 notas.	**1.ª inv.** La 3.ª en el bajo. Se omite la 5.ª.	**2.ª inv.** La 5.ª en el bajo. Se omite la 3.ª.

RE mayor: acordes de i-iv-V7 en posición cercana

Las inversiones del **acorde de V7** (A7) permiten tocar **I-IV-V7** en *posición cercana*.

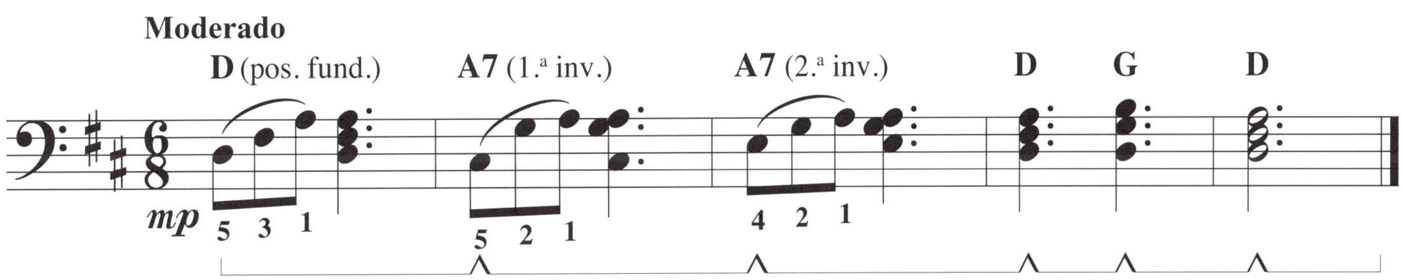

El himno a la alegría es uno de los temas más famosos de todos los tiempos, perteneciente a el último movimiento de la novena sinfonía de Beethoven. Primero lo tocan las cuerdas bajas, luego se repite forte con la orquesta completa y el coro para un final victorioso. Beethoven compuso y dirigió esta sinfonía estando ya completamente sordo. Cuando la obra terminó y estallaron los aplausos, un amigo suyo tuvo que girarlo para que viera la abrumadora respuesta del público.

Calentamiento para la M.I.

Pista: acerca el pulgar a la tecla negra (FA♯) elevando ligeramente la muñeca.

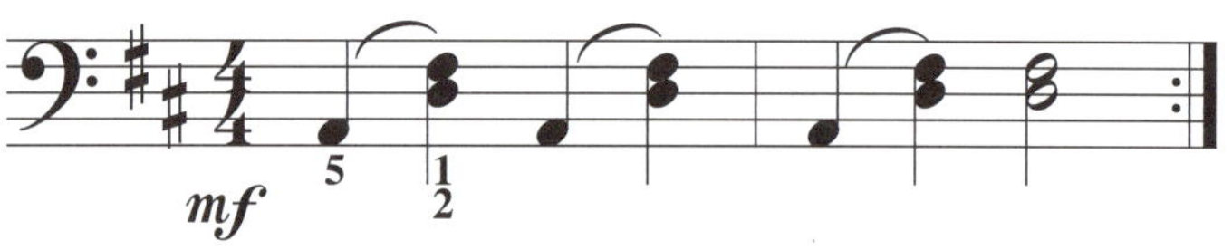

Himno a la alegría

Tema de la 9.ª *sinfonía*

____ mayor

Ludwig van Beethoven
(1770–1827)
adaptación

DESCUBRIMIENTO

La melodía inicial de la M.I. comienza en el *grado 3* (FA sostenido en RE mayor). Transpón *Himno a la alegría* un tono abajo a **DO mayor.**

Consejos para practicar

- Practica con manos separadas. Observa los patrones.
- Luego toca l-e-n-t-a-m-e-n-t-e con las manos juntas. Practica los compases difíciles por separado unas 3-8 veces.
- Sube la velocidad gradualmente hasta llegar a la indicada.

Gavota en RE mayor

James Hook
(1746–1827, Inglaterra)
versión original (transpuesta de DO mayor)

pianoadventures.lat/adulto

DESCUBRIMIENTO

¿Qué forma tiene esta pieza, binaria o ternaria?
Transpón la pieza a **DO mayor.**

Las escalas a menudo se *dirigen* hacia una nota.

- Antes de tocar encierra en círculos las notas "objetivo" de cada escala.
- Escucha para lograr **dirección musical** en tu interpretación.
- Practica a velocidad **lenta, media** y **rápida.**

Estudio de la escala RE mayor

Ferdinand Beyer
Op. 101, *Tonlieder* en RE Mayor
versión original

- Transpón este estudio a **DO mayor** y **SOL mayor.**

pianoadventures.lat/adulto

Consejos técnicos

- Comienza a *cruzar* la M. I. mientras la M. D. está tocando.
- Extiende (abre) la M. I. para tocar con facilidad las octavas en los *compases* 3-4, 7-8 y 15-16.

Estudio de acordes en RE mayor

Instrucciones

- Primero toca solo la melodía con pedal.
- Luego toca con **5.as en bloque en posición fundamental**, en el *primer tiempo* de cada compás, de acuerdo al cifrado.

Worried Man Blues

***lead sheet* en RE mayor**

Tradicional de EE.UU.

Cuando puedas tocar cómodamente las 5.as **en bloque**, pueba estos dos patrones de acompañamiento.

Patrón de 5.as-6.as (𝅗𝅥 𝅗𝅥)

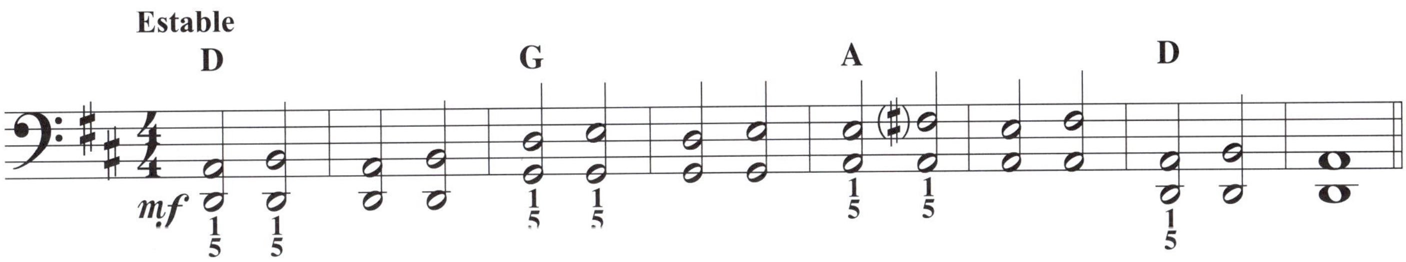

Ejemplo:

Patrón de 5.as-6.as (♩ ♩ 𝅗𝅥)

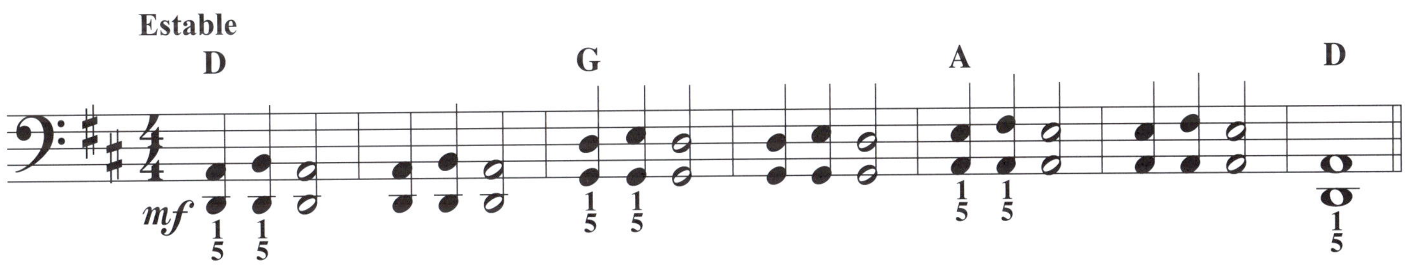

Ejemplo:

unidad **15**

Arpegios de una octava

Repaso: *arpegio* viene de la palabra "arpa".

Para tocar **arpegios de una octava** la mano se debe *extender* sobre las teclas.

- Practica estos arpegios lentamente con la muñeca relajada. Observa la digitación de la M.D.: **1-2-3-5.**

- Ahora toca arpegios de una octava con la M.I. Observa que la digitación es **5-4-2-1.**

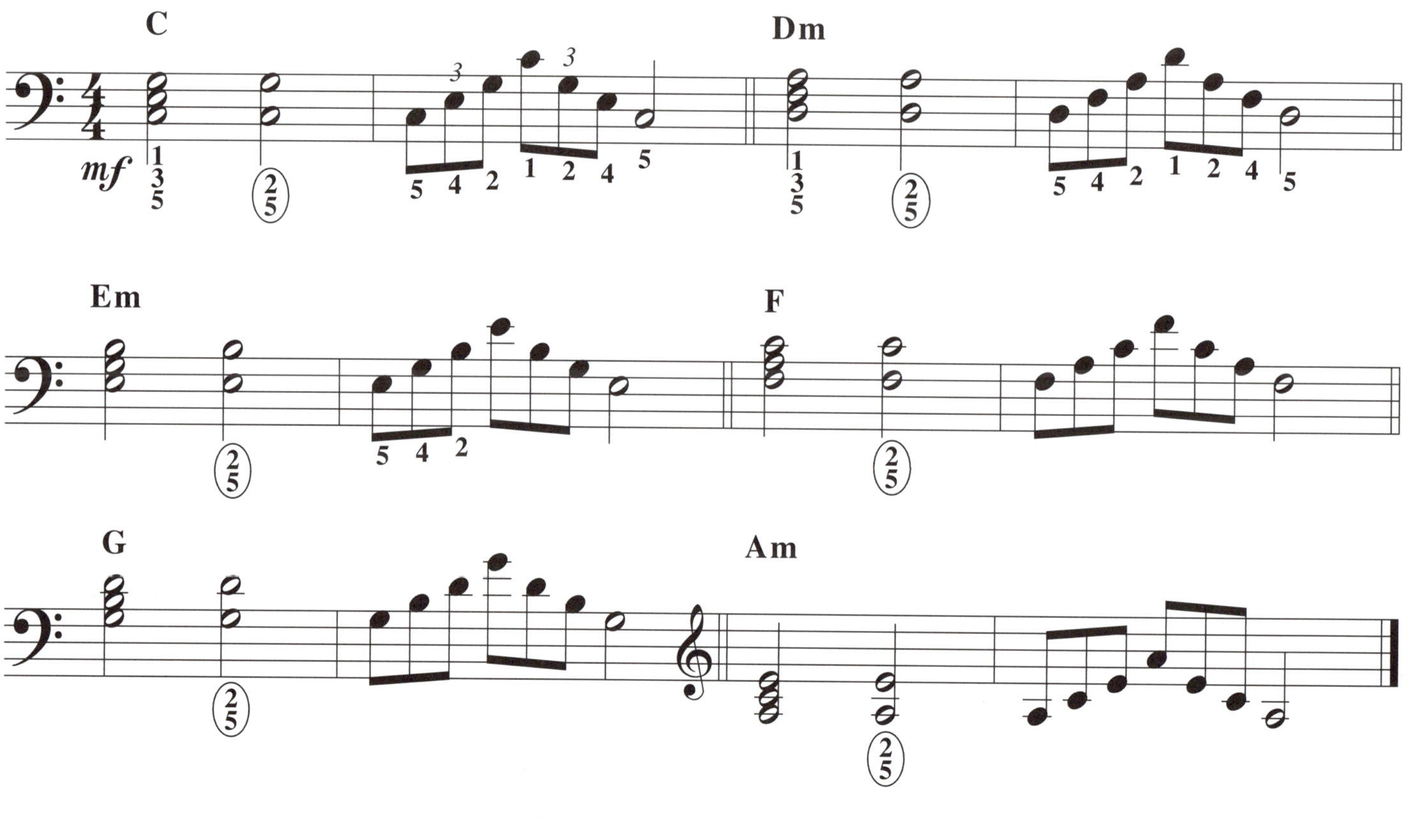

pianoadventures.lat/adulto

Mozart compuso la *Pequeña serenata nocturna* para quinteto de cuerdas. Este es el tema inicial, que requiere un ritmo bien preciso.

Tema de la
Pequeña serenata nocturna

Wolfgang Amadeus Mozart
(1756–1791, Austria)
adaptación

- Practica los *compases 1-4* con manos separadas y luego juntas.

DESCUBRIMIENTO

¿Qué acorde se forma con las notas de los *compases 1-2?* ______

¿Qué acorde se forma con las notas de los *compases 3-4?* ______

Nuevo matiz

ff* – *fortissimo

Significa muy fuerte, más que *forte* (***f***).

> Mendelssohn musicalizó la obra de Shakespeare *Sueño de una noche de verano* por solicitud del rey Federico Guillermo. La *Marcha nupcial* aparece al final de la obra, en la celebración de una boda triple.

Marcha nupcial

de *Sueño de una noche de verano*

Felix Mendelssohn
(1809–1847, Alemania)
adaptación

Tempo de marcha (♩ = 120-132)

pianoadventures.lat/adulto

IEFF1334ES

DESCUBRIMIENTO Marca cada sección de la forma musical: **Introducción A B A Coda**

Repaso: síncopa

Cuando acentuamos notas ENTRE los tiempos en vez de EN los tiempos, tenemos *síncopa*.

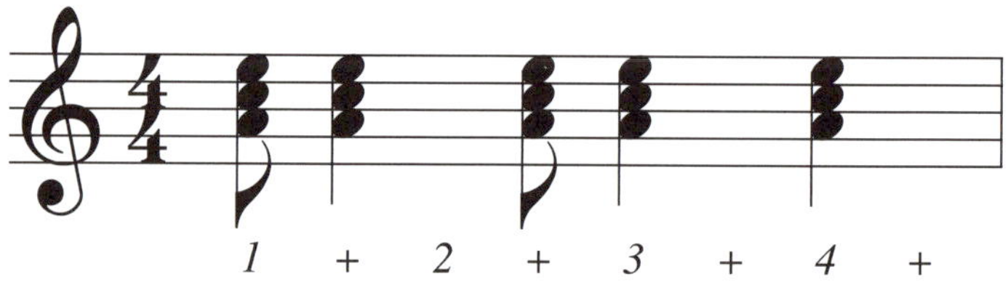

■ Toca este ejemplo contando en voz alta.

Fiesta España

Allegro (♩ = 160-176)

 pianoadventures.lat/adulto IEFF1334ES

DESCUBRIMIENTO

La armonía de esta pieza se basa en cuatro acordes.
¿Cuáles son? (recuerda mencionar si son mayores o menores). ____, ____, ____, ____

Consejo para los arpegios de una octava

- Usa un movimiento circular de la muñeca que **"baja y sube"**.

La letra de la música te ayudará.

Arpegios poderosos
(para la M.D.)

Sigue tocando arpegios con la M.D ., usando los acordes de FA, SOL y LA menor.

Consejo para los arpegios de una octava

- Usa un movimiento circular de la muñeca que **"baja y sube"**.

  Observa que este movimiento es como un "reflejo" del movimiento de la M.D.

Arpegios poderosos
(para la M.I.)

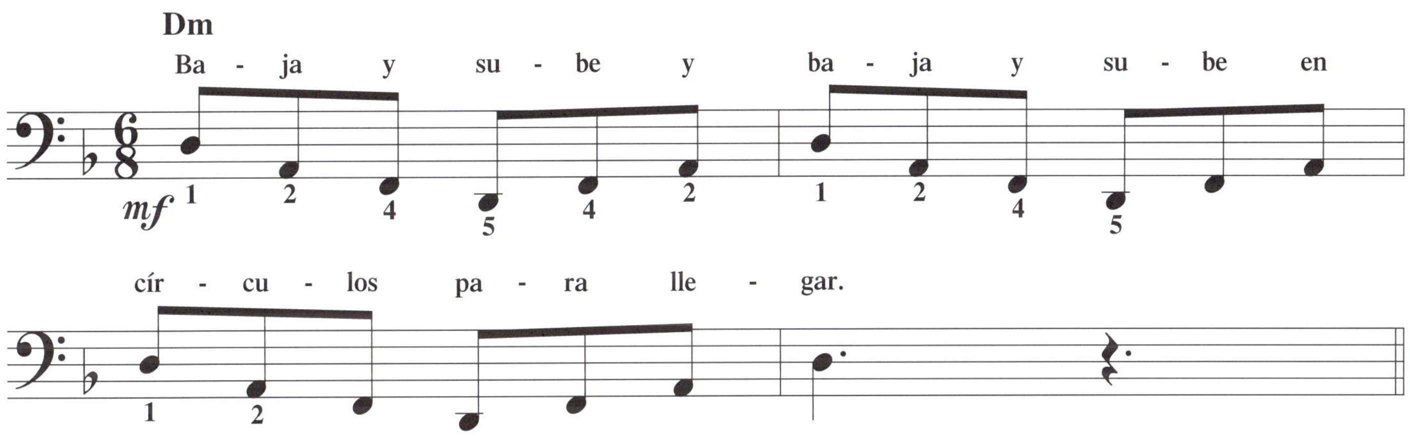

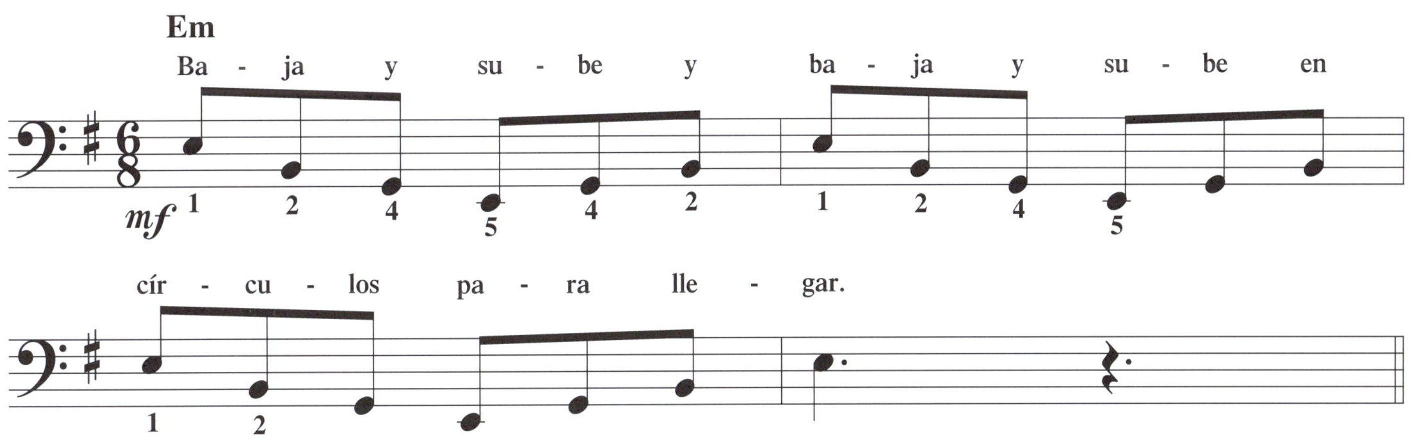

Sigue tocando arpegios con la M.I ., usando los acordes de FA, SOL y LA menor.

Franz Liszt fue el pianista más célebre del periodo romántico y *Liebestraum* es una de sus obras más populares. La interpretación del pianista Vladimir Horowitz, en su historico retorno a Moscú en 1986, conmovió hasta las lágrimas a muchos de los asistentes. Este concierto fue transmitido por televisión en todo el mundo.

Instrucciones

- Primero toca solo la melodía con pedal.
- Luego añade **acordes en bloque** en posición fundamental con la M.I. en el *primer tiempo* de cada compás, como se indica.

Liebestraum

(Sueño de amor)

____ mayor/menor

Franz Liszt
(1811–1886, Hungría)

Acompañamiento en arpegios

- Practica este acompañamiento por separado, buscando fluidez en los cambios de acordes.
- Cuando puedas tocar cómodamente los arpegios, prueba este patrón de acompañamiento.

Ejemplo:

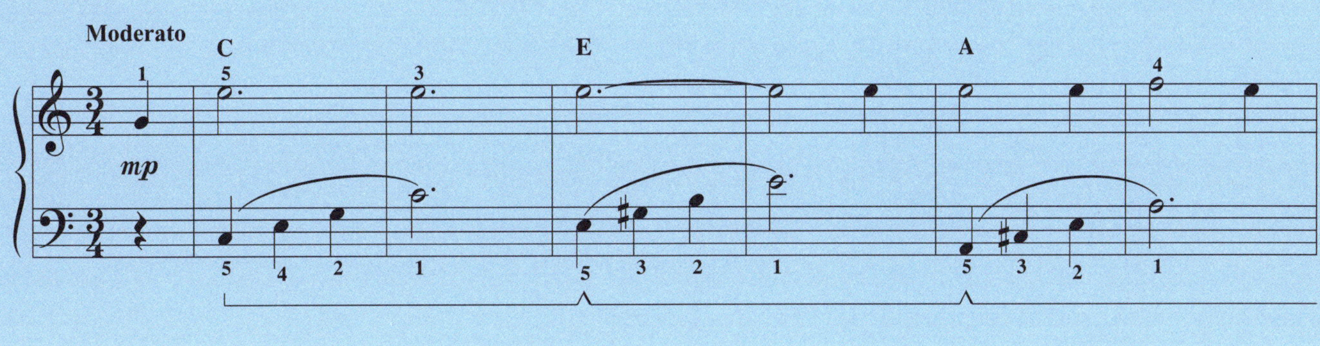

Semicorcheas

Semicorcheas

← 2 corchetes

semicorchea

←2 corchetes

silencio de semicorchea

4 semicorcheas = 1 negra

2 barras→

1 y más y 1 y más y

Siente el ritmo

■ Marca los ritmos. Luego tócalos en el piano y transponlos a otras tonalidades.

1.

Cuenta: 1 y + y 2 y + y 3 y + y 4 - (tro) + (y)

■ Este ritmo *se siente* como cuando decimos "Juan Pérez".

2.
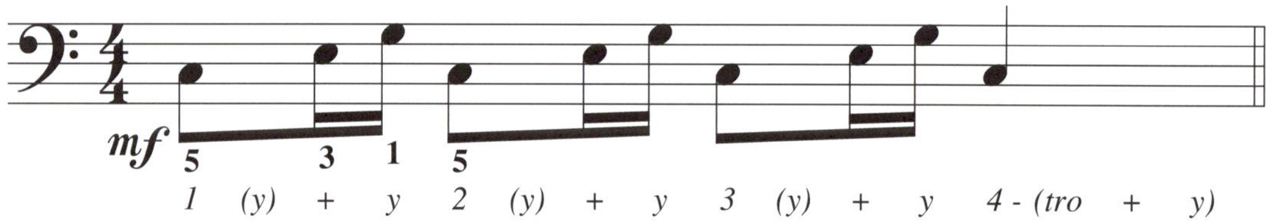

1 (y) + y 2 (y) + y 3 (y) + y 4 - (tro + y)

■ Este ritmo *se siente* como decir "Celia Cruz".

3.
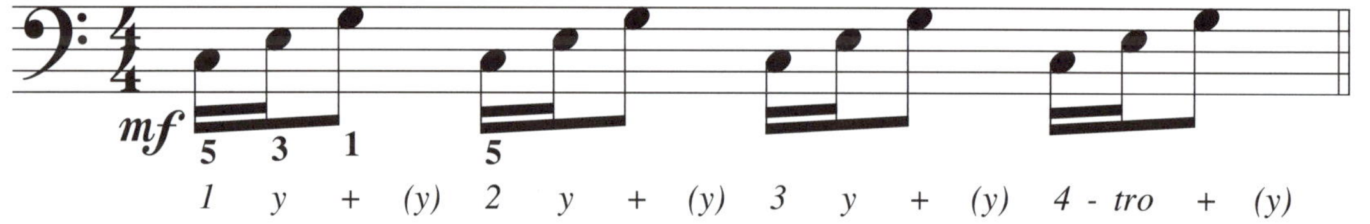

1 y + (y) 2 y + (y) 3 y + (y) 4 - tro + (y)

DESCUBRIMIENTO ¿Cuántas semicorcheas equivalen a una corchea? _____

Marca el ritmo

- Marca este ritmo para ambas manos en la tapa cerrada del piano, contando en voz alta. Practícalo hasta que lo puedas hacer con facilidad. ¿Puedes intentar con el metrónomo en ♩ =69?

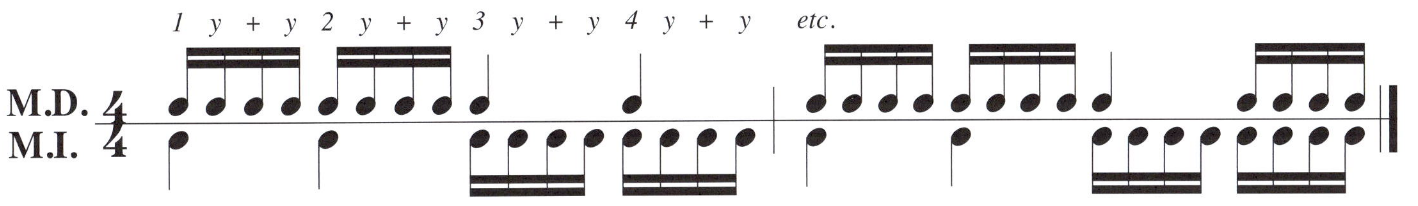

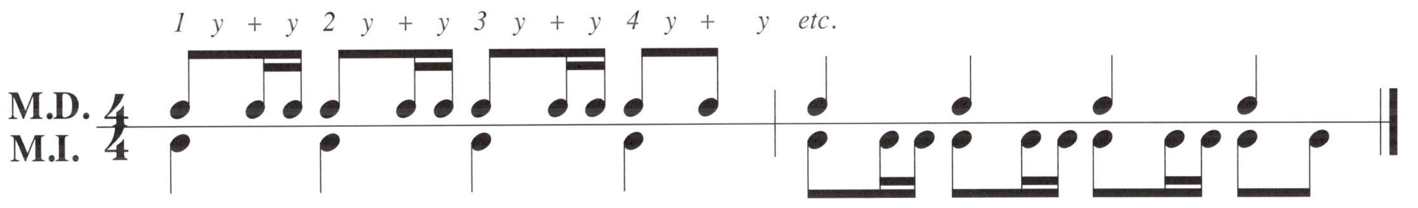

- Practica *Calentamiento rítmico* como está escrito. Luego transponlo a otras tonalidades.

Calentamiento rítmico

Vivaz, con ritmo preciso (♩ = 72-88)

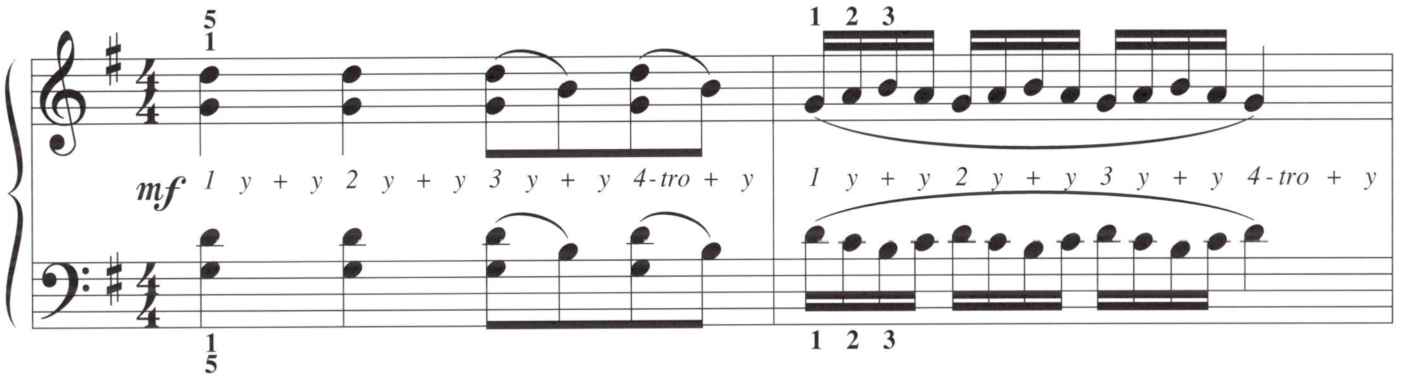

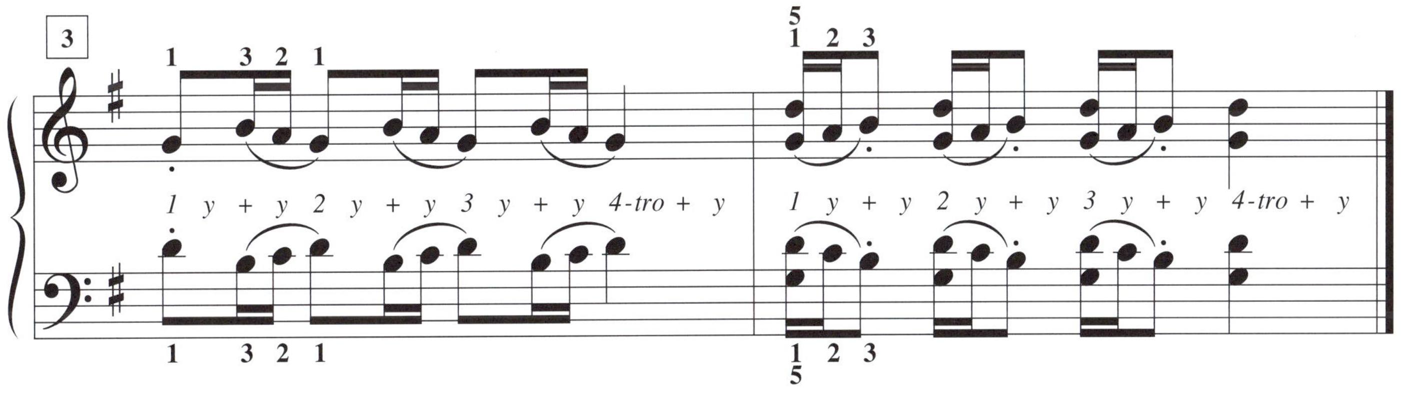

DESCUBRIMIENTO Transpón *Calentamiento rítmico* a la SOL menor, RE mayor y RE menor.

Observa que el *tema* se compone principalmente de corcheas. Las *variaciones 1* y *2* usan el ritmo de .

■ ¿Puedes encontrar el ritmo de en la *variación 3*?

Una saloma es un canto enérgico de marineros.

Saloma

____ mayor/menor

Enérgico (♩ = 100-108)

Tradicional

CREACIÓN

Intenta crear tu propia variación de *Saloma.*
Pista: puedes cambiar el ritmo, notas, matices, etc.

El *Vals de Musetta (Quando me'n vo' soletta)* es una famosa aria del segundo acto de la ópera *La Bohème* de Giacomo Puccini. Exitosa desde su estreno en 1896, *La Bohème* sigue siendo una de las óperas italianas más populares.

Vals de Musetta

de la ópera *La Bohème*

Giacomo Puccini
(1858–1924, Italia)
adaptación

Vals lento

DESCUBRIMIENTO

En el *compás 30*, las semicorcheas comienzan en el *primer tiempo*.
¿En qué tiempo comienzan las semicorcheas en el resto de la pieza? tiempo__

Cada uno de estos ejercicios usa un patrón distinto de **semicorcheas.**

- Practica cada ejercicio con manos separadas y luego juntas.
- Puedes usar el metrónomo a las velocidades indicadas.

Entrenamiento rítmico

Estudio rítmico en semicorcheas

Patrón rítmico:

Estable

Patrón rítmico:

Estable

Patrón rítmico:

Estable

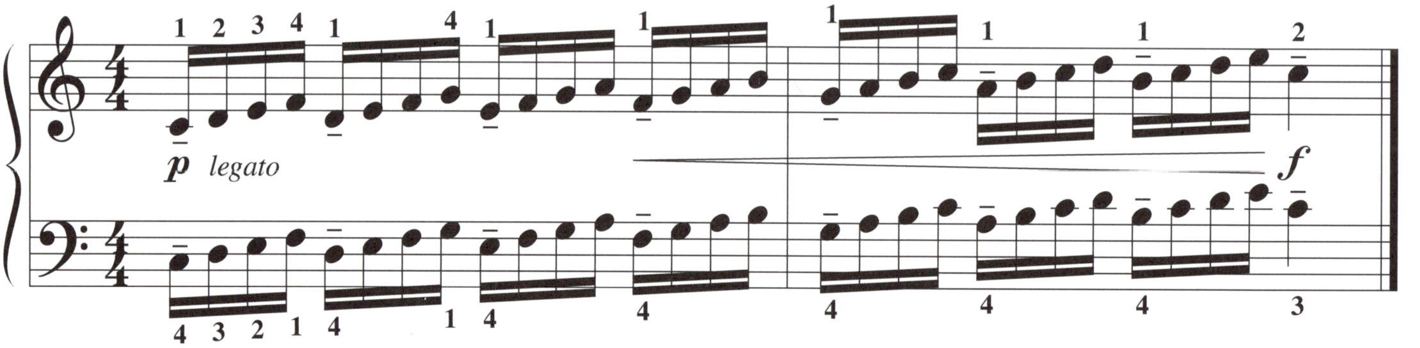

Andante ♩ = 69 ___ *Moderato* ♩ = 80 ___ *Allegro* ♩ = 92 ___

Consejos técnicos

- Practica solo la M.D., dándole forma a cada escala con un *cresc.* y *dim.*
- Practica solo la M.I., elevando suavemente la muñeca en los *tiempos 2 y 3*.

Paseo con escalas

Estudio de escalas en semicorcheas

Aunque Borodin se dedicaba principalmente a ejercer como médico e investigador, alcanzó también una fama duradera como compositor. Borodin dedicó esta obra a su esposa, quien era pianista concertista. El tercer movimiento, Nocturno, de una textura exuberante, ha sido descrito como “una conmovedora canción de amor sin palabras”. Esta famosa melodía es interpretada por el violoncello, instrumento que Borodin tocaba.

Instrucciones

- Primero toca solo la melodía con pedal.
- Luego, añade **5.as en bloque** en el *primer tiempo* de cada compás, de acuerdo al cifrado.

Nocturno

del *Cuarteto de cuerdas no. 2*

Alexander Borodin
(1833–1887, Rusia)

Cuando puedas tocar cómodamente los **acordes en bloque**, prueba estos dos patrones de acompañamiento.

Patrón de 5.as quebradas

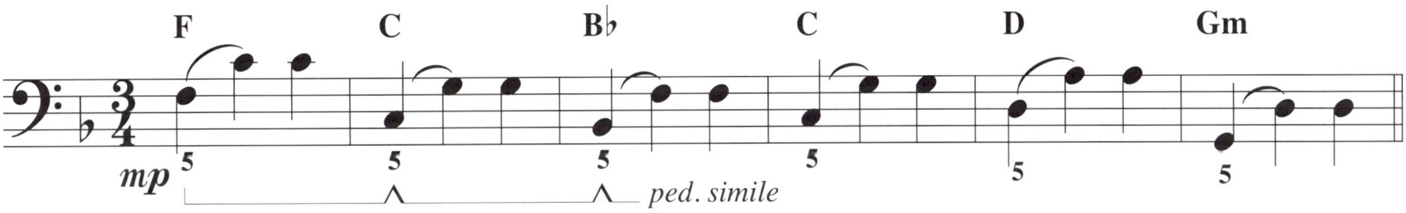

Ejemplo:

Patrón de fundamental - 5.a - octava

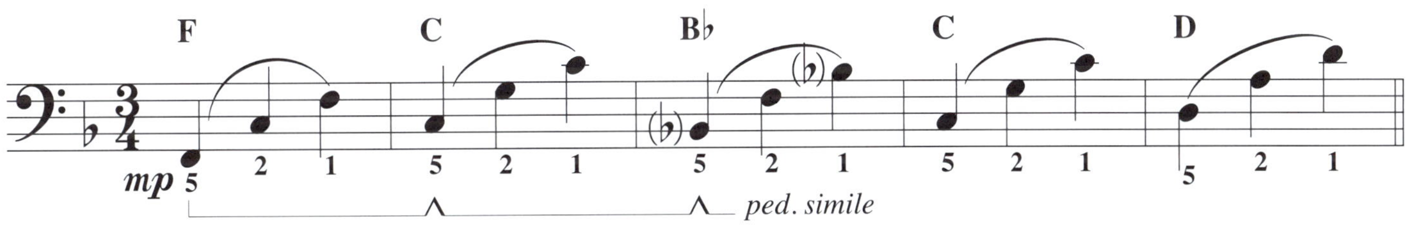

Ejemplo:

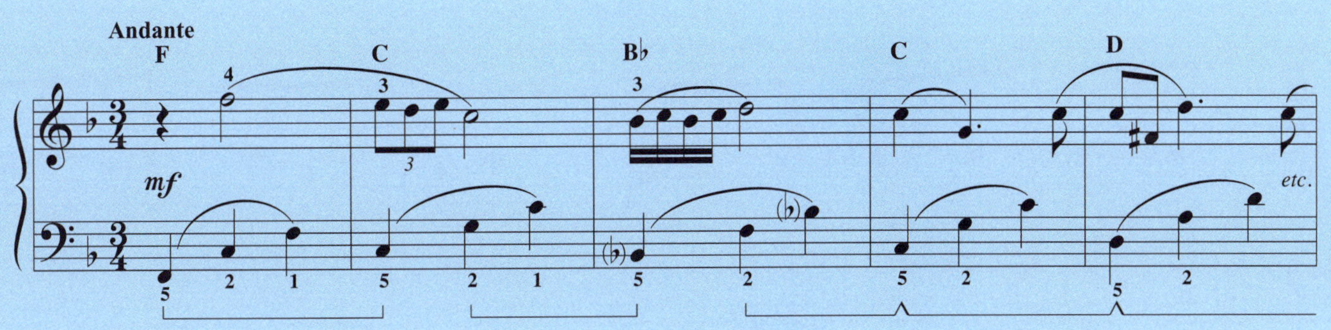

Pieza de repaso

- El *Canon* de Pachelbel es una de las piezas más populares de todos los tiempos. Ha aparecido en películas, en televisión y en incontables grabaciones y conciertos.

- Está basado en un patrón de acordes de cuatro compases que se repite durante toda la pieza:

acordes:	**C**	**G**	**Am**	**Em**	**F**	**C**	**F**	**G**
funciones:	**I**	**V**	**vi**	**iii**	**IV**	**I**	**IV**	**V**

Canon de Pachelbel

- Escribe el cifrado en los *compases 1–4*.

Johann Pachelbel
(1653–1706, Alemania)
adaptación

Andante

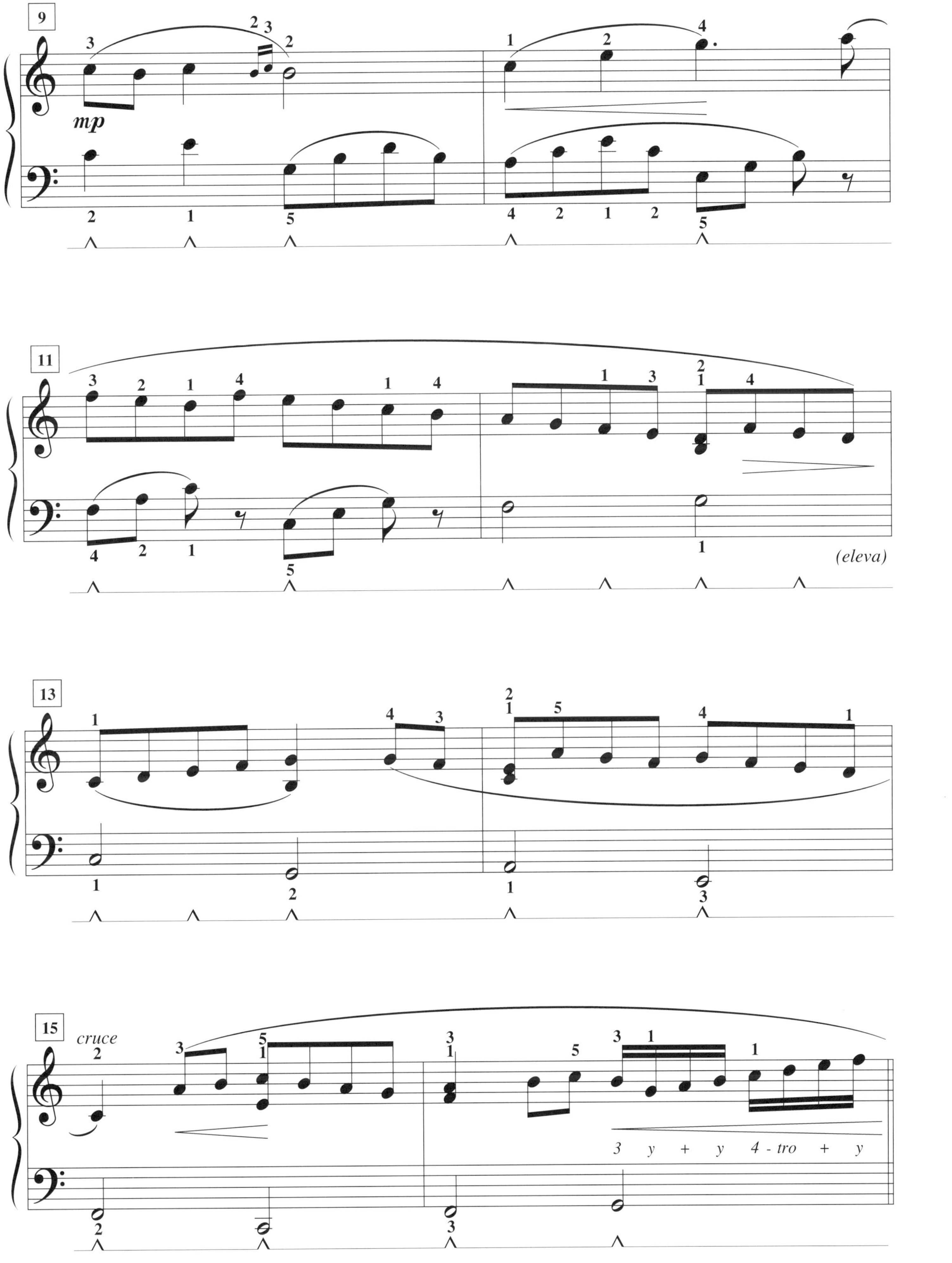
9
mp
11
(eleva)
13
15
cruce
3 y + y 4 - tro + y

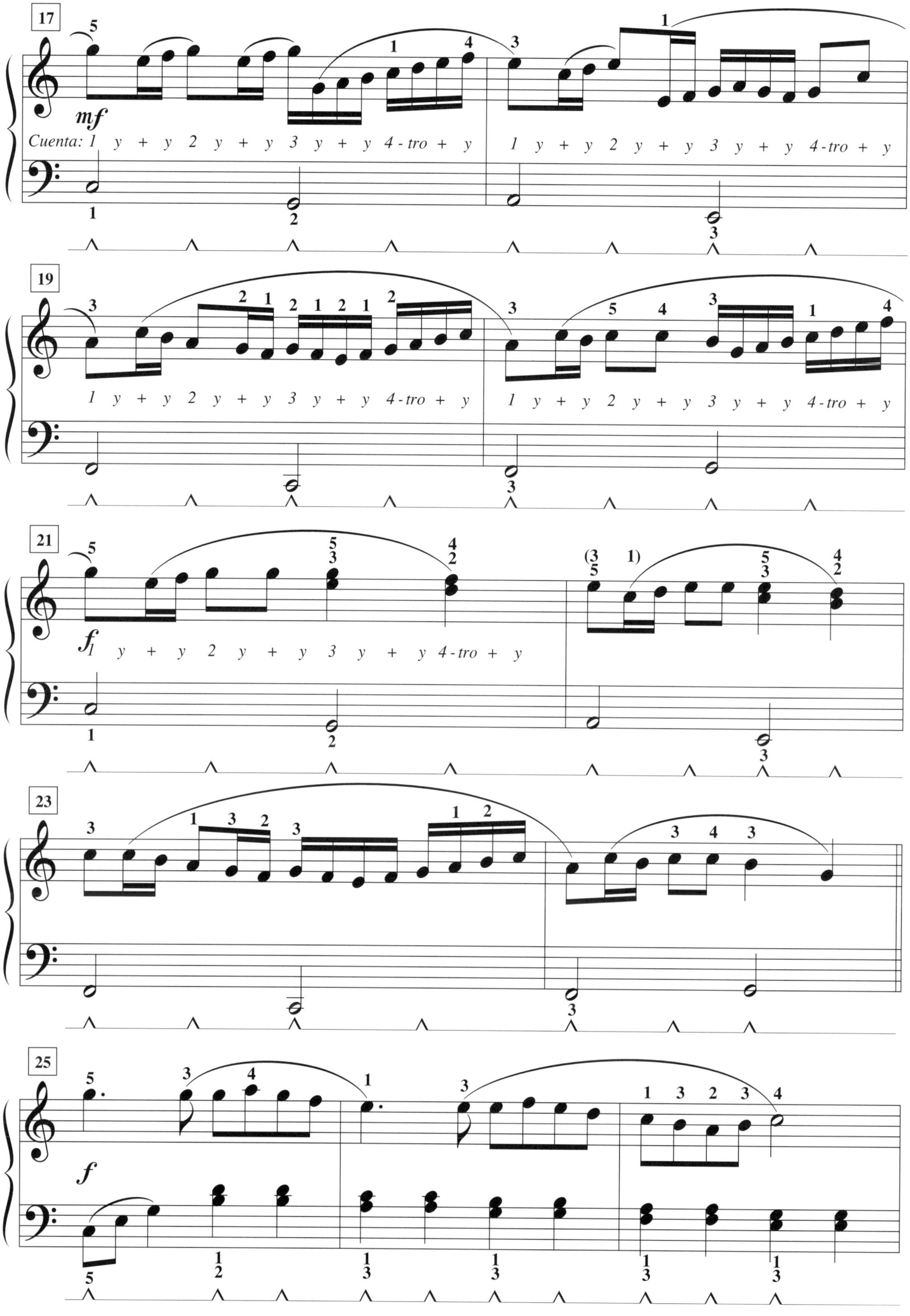
17
mf
Cuenta: 1 y + y 2 y + y 3 y + y 4-tro + y
1 y + y 2 y + y 3 y + y 4-tro + y
19
1 y + y 2 y + y 3 y + y 4-tro + y
1 y + y 2 y + y 3 y + y 4-tro + y
21
f
1 y + y 2 y + y 3 y + y 4-tro + y
23
25
f

DESCUBRIMIENTO

Escucha una versión grabada del *Canon de Pachelbel*. Escucha el patrón que se repite en el bajo. Este patrón da soporte a las variaciones en la melodía.

Tabla de escalas

- Practica estas escalas con manos separadas y luego juntas. Escucha con atención para lograr que los dedos toquen *exáctamente* al mismo tiempo.
- Marca un ✓ cuando seas capaz de tocar con seguridad a la velocidad indicada.

DO mayor

Andante ♩ = 69 ___ *Moderato* ♩ = 80 ___ *Allegro* ♩ = 92 ___

SOL mayor

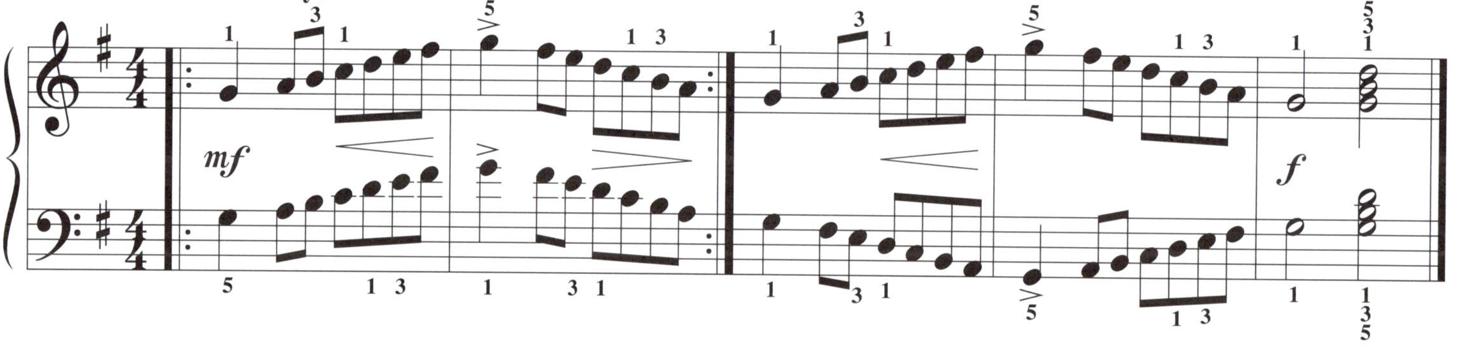

Andante ♩ = 69 ___ *Moderato* ♩ = 80 ___ *Allegro* ♩ = 92 ___

RE mayor

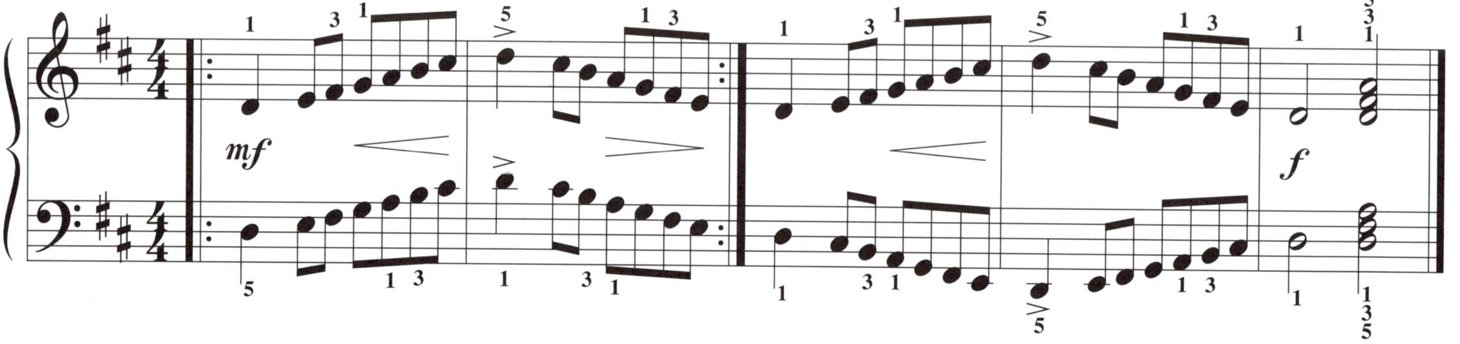

Andante ♩ = 69 ___ *Moderato* ♩ = 80 ___ *Allegro* ♩ = 92 ___

FA mayor

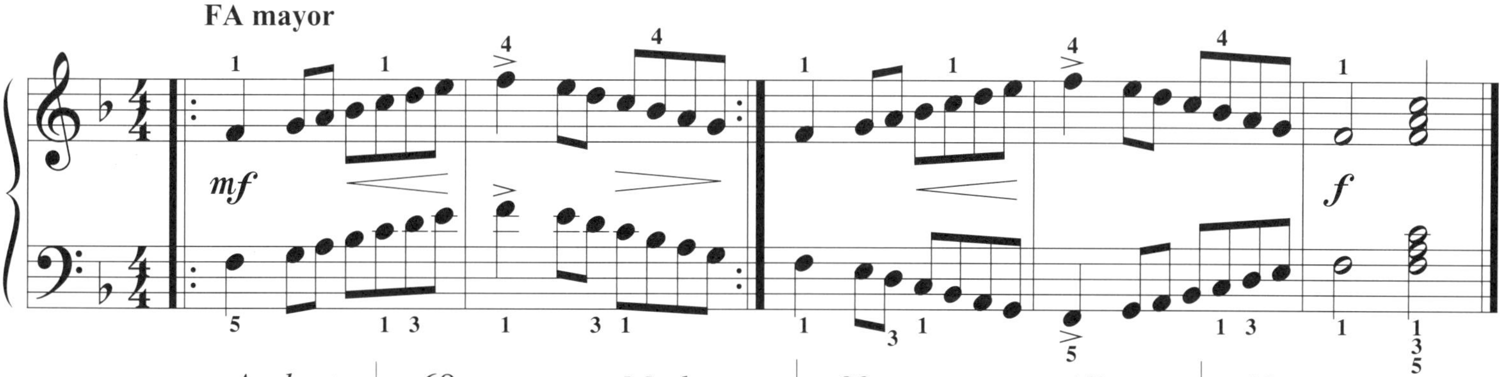

Andante ♩ = 69 ___ *Moderato* ♩ = 80 ___ *Allegro* ♩ = 92 ___

LA menor armónica

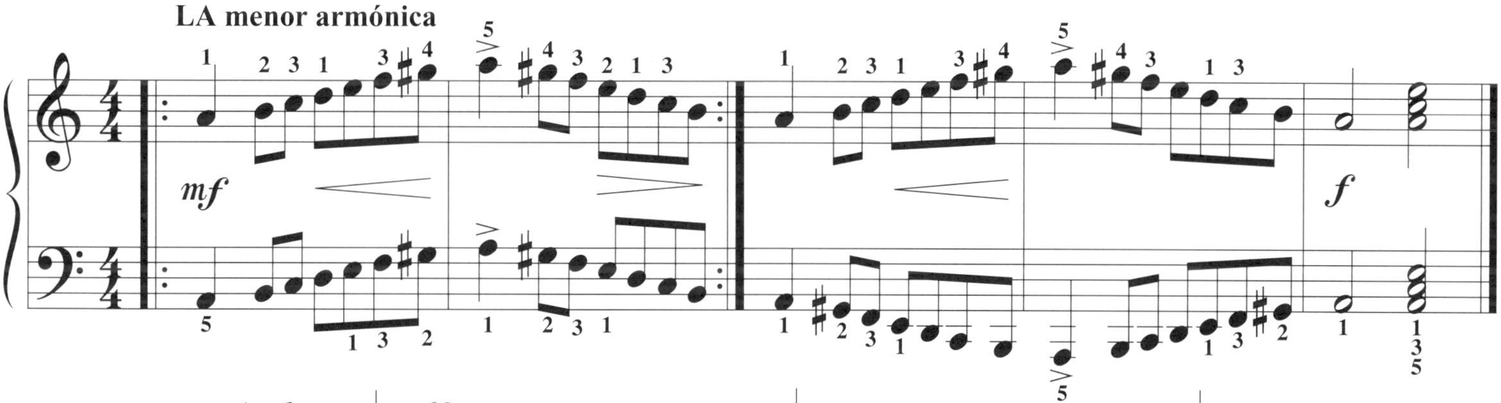

Andante ♩ = 69 ___ *Moderato* ♩ = 80 ___ *Allegro* ♩ = 92 ___

RE menor armónica

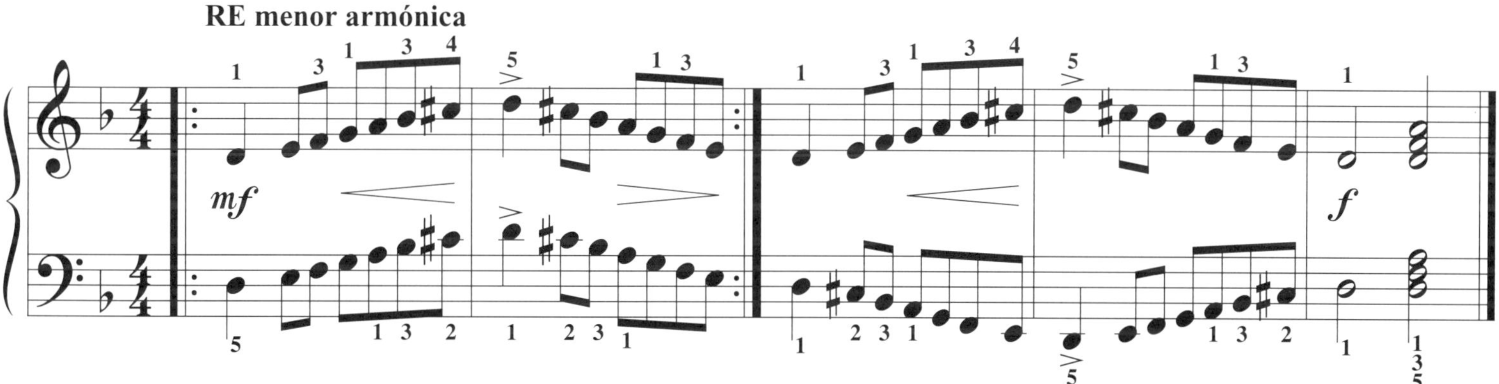

Andante ♩ = 69 ___ *Moderato* ♩ = 80 ___ *Allegro* ♩ = 92 ___

MI menor armónica

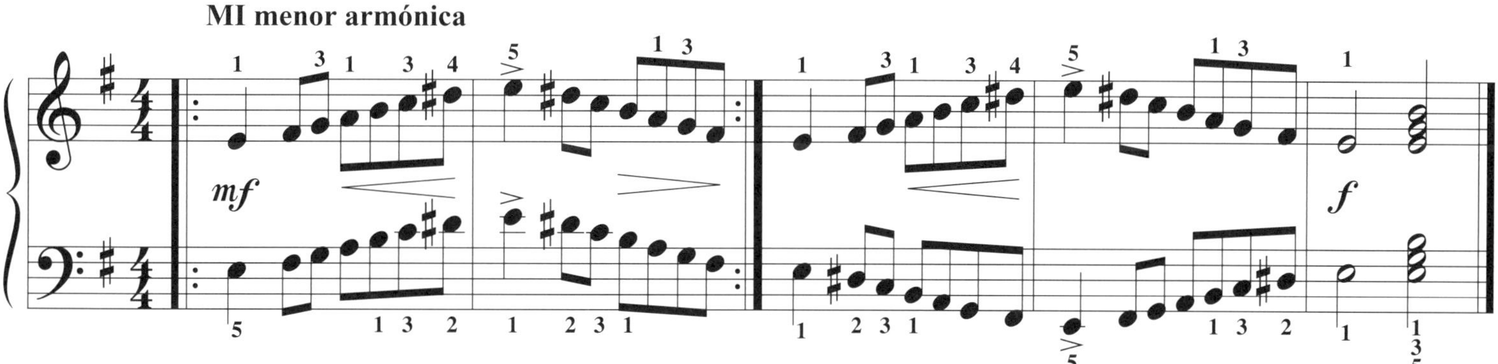

Andante ♩ = 69 ___ *Moderato* ♩ = 80 ___ *Allegro* ♩ = 92 ___

Tabla de acordes

Acordes básicos en tonalidades mayores

DO mayor

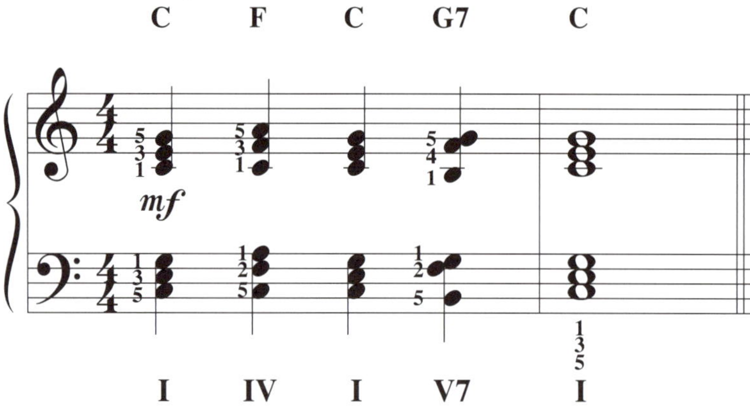

SOL mayor

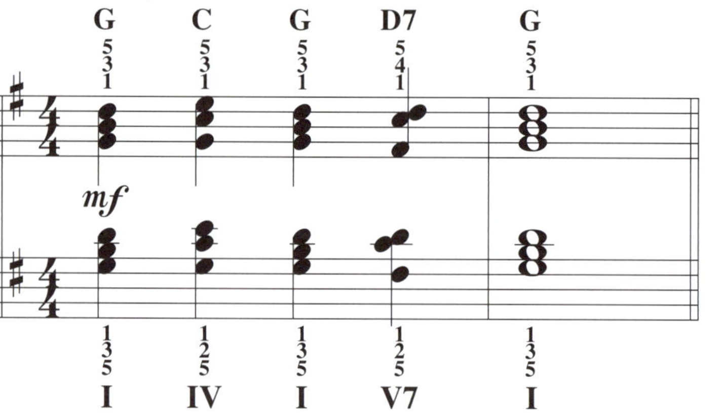

FA mayor

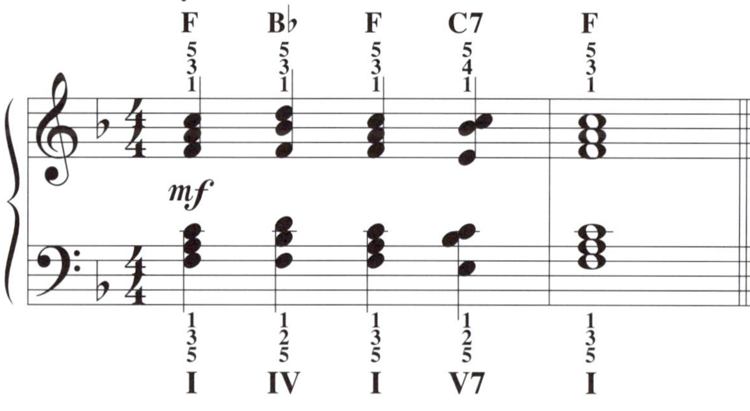

RE mayor

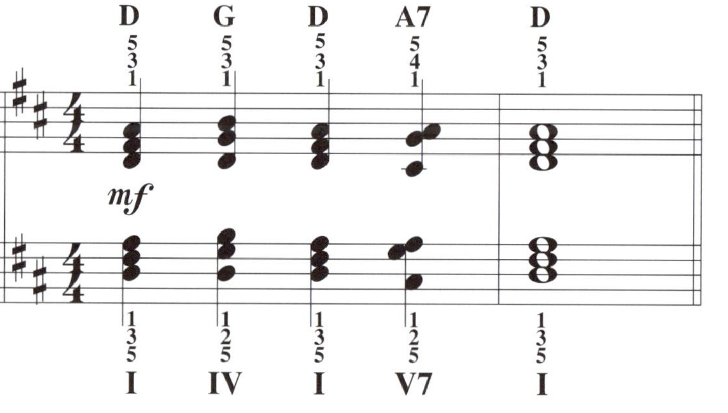

Acordes básicos en tonalidades menores

LA menor

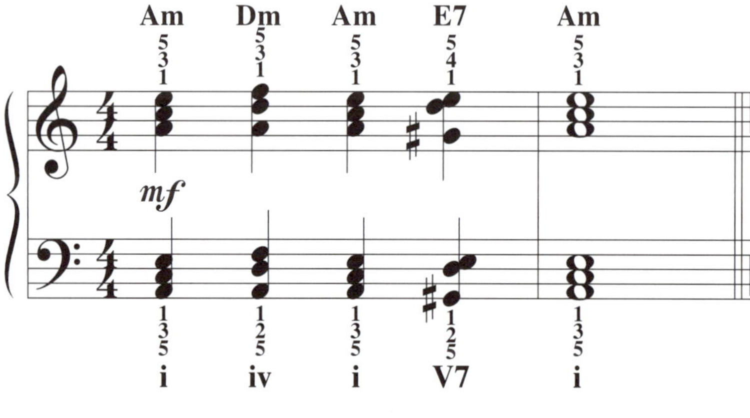

RE menor

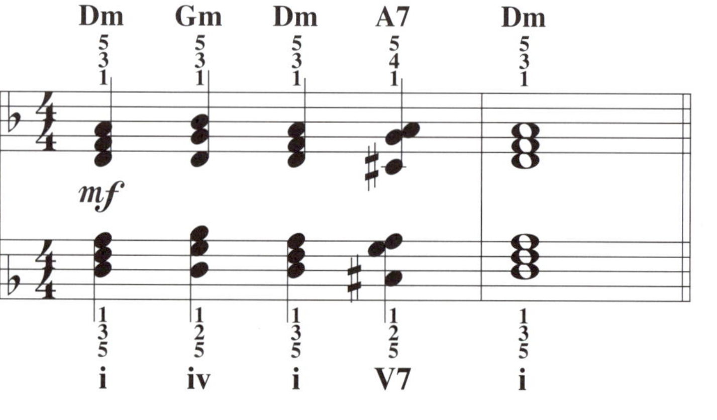

MI menor

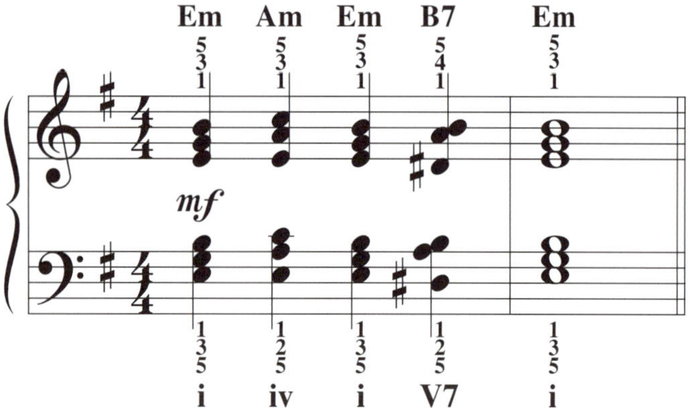

Las 12 tríadas mayores

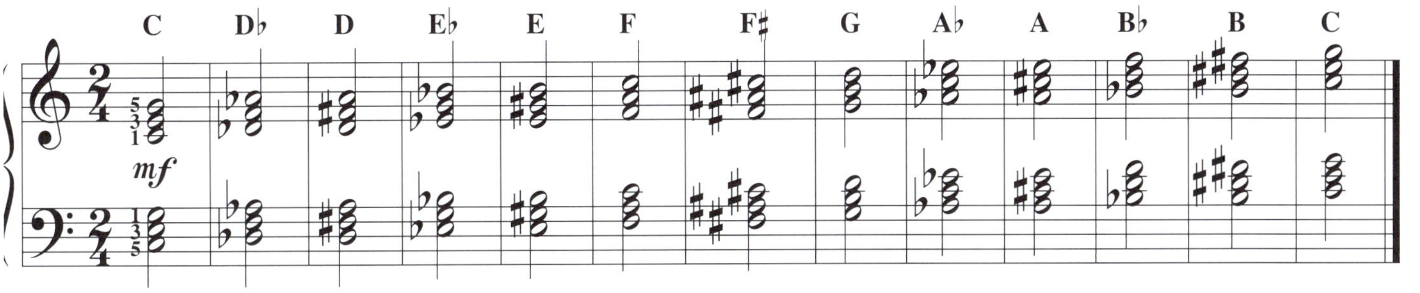

Las 12 tríadas menores

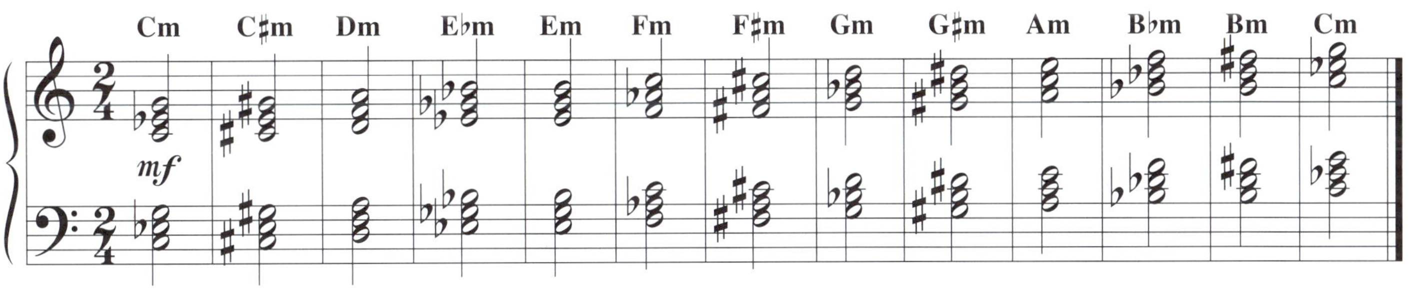

Acordes en inversión

Glosario

MATICES

pp	*p*	*mp*	*mf*	*f*	*ff*
pianissimo	*piano*	*mezzo piano*	*mezzo forte*	*forte*	*fortissimo*
muy suave	suave	moderadamente suave	moderadamente fuerte	fuerte	muy fuerte

crescendo (cresc.) Toca cada vez más fuerte.

diminuendo (dim.) o decrescendo (decresc.) Toca cada vez más suave.

SÍMBOLO	TÉRMINO	DEFINICIÓN
	a tempo	Regresa al tempo (velocidad) inicial (p. 19).
	**acento**	Enfatiza la nota tocándola más fuerte.
	acompañamiento	La armonía y ritmos que acompañan a la melodía (p. 29).
	acorde	Tres o más notas tocadas simultaneamente (p. 12).
sus4	**acorde de 4.ª suspendida**	Acorde de tres notas que usa la 4.ª en vez de la 3.ª (pp. 27 y 122).
	acorde de V7 (dominante con séptima)	Acorde de cuatro notas que suben por 3.ªs desde la dominante, o quinto grado de la escala (p. 33).
	**acorde en bloque**	Las notas de un acorde tocadas simultaneamente (p. 28).
	**acorde quebrado**	Las notas de un acorde tocadas una a la vez (p. 29).
I, IV, V	**acordes básicos**	Los acordes de I, IV y V son los acordes básicos de las tonalidades mayores. En las tonalidades menores los acordes básicos son i, iv y V (pp. 12, 13, 92, 112, 146 y 158).
	acordes secundarios	Acordes que comienzan en los grados 2, 3, 6 y 7 (p. 48).
	Allegretto	Alegre, algo rápido (p. 78).
	Allegro	Tempo rápido y vivo (p. 36).
	Allegro moderato	Moderadamente rápido (p. 14).
	**alteraciones accidentales**	Los sostenidos, bemoles y becuadros que aparecen durante la pieza y no son parte la armadura.
	anacrusa	Las notas de un compás incompleto al inicio de una pieza (pp. 21 y 28).
	Andante	"Caminando" (p. 22).

análisis de acordes — Identificar por su cifrado (por ejemplo, Dm) o por su función (por ejemplo, I, IV, V7) los acordes de una pieza (pp. 48 y 49).

armadura — Aparece al inicio de cada línea de la partitura y nos indica los sostenidos o bemoles que se usan durante toda la pieza (p. 30).

armonía — Las notas o acordes que acompañan a la melodía.

arpegio — "Como una arpa". Las notas de un acorde tocadas una a la vez, ya sea subiendo o bajando (pp. 18, 47, 83, 153, 169, 174, 175 y 177).

bajo Alberti — Patrón de acompañamiento para la mano izquierda que usa las notas de un acorde con el patrón abajo - arriba - en medio - arriba (pp. 68, 70 y 90).

𝄆 𝄇 **barras de repetición** — Repite la sección dentro de estas barras (pp. 14–15).

♮ **becuadro** — Cancela un sostenido o un bemol. Los becuadros son siempre teclas blancas (p. 37).

𝄐 **calderón** — La nota se debe sostener más tiempo de normal (p. 19).

1. 2. **1.ª y 2.ª casilla** — Primero toca la 1.ª casilla y repite. Luego toca la 2.ª casilla, saltando la 1.ª (p. 15).

cifrado de acordes — Letras escritas por encima del pentagrama que indican los acordes de la armonía. Se usa una "m" minúscula para indicar acordes menores (pp. 48 y 49).

coda — Sección final (p. 19).

compás de $\frac{4}{4}$ — (p. 103).

¢ **compás partido *(alla breve)*** — Compás de $\frac{2}{2}$. Hay dos tiempos por compás y la blanca dura un tiempo (p. 104).

cuarteto de cuerdas — Ensamble de instrumentos de cuerda compuesto por dos violines, una viola y un violoncello (p. 186).

D.C. al Coda **Da Capo al Coda** — Vuelve al comienzo de la pieza y toca hasta el ⊕, luego salta a la *Coda* (pp. 19 y 25).

D.C. al Fine **Da Capo al Fine** — Vuelve al comienzo de la pieza y toca hasta el "Fine" (p. 37).

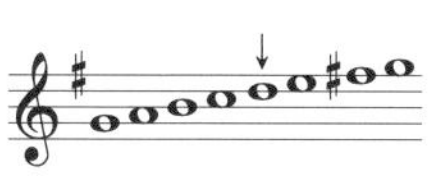
dominante — Quinto grado de la escala, o su respectivo acorde (p. 32).

SÍMBOLO	TÉRMINO	DEFINICIÓN
	**escala mayor**	Escala de ocho notas con semitonos entre los grados 3 - 4 y 7 - 8 (pp. 12, 13, 30 y 156).
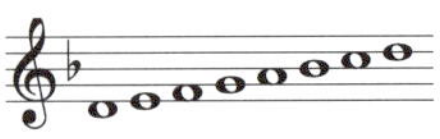	**escala menor**	Escala de ocho notas con semitonos entre los grados 2 - 3 y 5 - 6 (pp. 86 - 87, 110 - 111 y 144 - 145).
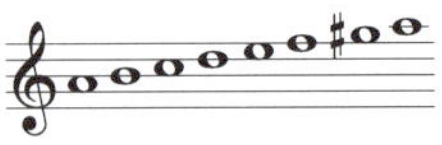	**escala menor armónica**	Escala menor con el séptimo grado elevado un semitono. Se usa una alteración accidental para elevar esta nota (pp. 87, 111 y 145).
	escala menor natural	La variante de la escala menor que usa solo las notas correspondientes a la armadura (pp. 87, 111 y 145).
	estudio	Pieza musical que desarrolla una habilidad técnica específica (p. 40).
	forma binaria (AB)	Forma musical que consiste de dos secciones (A y B). A menudo las secciones se repiten (pp. 14 y 57).
	**frase**	Idea o pensamiento musical. A menudo las frases se muestran con una ligadura, también llamada ligadura de fraseo (p. 34).
	fundamental	La nota del acorde que le da su nombre (p. 12).
	gavota	Danza rápida en $\frac{4}{4}$ de origen francés. Normalmente inicia con anacrusa de dos tiempos (p. 57).
	grado de la escala	La posición, expresada con un número, de una nota en la escala (p. 12).
	imitación	Cuando una idea musical se toca con una mano e inmediatamente se repite con la otra (p. 36).
	**indicación de pedal**	Indica cuando presionar y levantar el pedal de resonancia (p. 20).
	**indicación de tenuto**	Mantén la duración completa de la nota. Presiona la tecla a fondo (p. 148).
	intervalo	La distancia entre dos notas o teclas, por ejemplo, 2.ª, 3.ª, 4.ª, 5.ª (pp. 10, 11, 16 y 102).
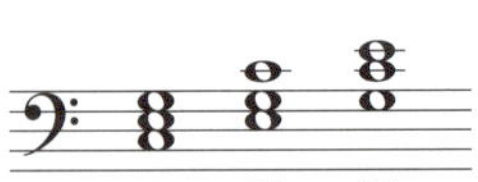	**inversión**	Invertir el orden de las notas de un acorde. Por ejemplo, DO-MI-SOL se puede invertir a MI-SOL-DO o SOL-DO-MI (pp. 54 y 56).
	lead sheet	Partitura con solo melodía y cifrado de acordes por encima (p. 28).
	lectura a primera vista	Tocar algo que no has visto antes sin detenerte para corregir.
	legato	Uniforme, conectado (p. 18).

	**ligadura**	Línea curva que indica que debemos tocar ligado.
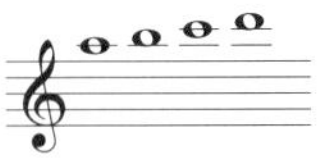	**líneas adicionales**	Líneas cortas que se usan para extender el pentagrama (pp. 16, 22, 95 y 134).
	Moderato	Tempo moderado (p. 18).
	molto	Mucho, muy (p. 181).
	motivo	Idea musical corta (p. 36).
	movimiento contrario	Dos líneas musicales que se mueven en direcciones opuestas simultaneamente (p. 157).
	movimiento paralelo	Dos líneas musicales que se mueven en la misma dirección simultaneamente (p. 157).
	negra con puntillo	Un puntillo agrega la mitad del valor de la nota que lo lleva. Una negra con puntillo equivale a una negra ligada a una corchea (p. 74).
	nocturno	Pieza que evoca la noche (p. 186).
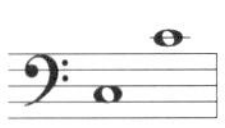	**octava**	Intervalo que abarca todas las notas, por ejemplo, DO al siguiente DO (pp. 16, 168, 174 y 175).
	opera	Obra de teatro que incluye música, canto, actuación y a veces danza (pp. 114, 132 y 182).
	ostinato	Patrón musical que se repite muchas veces (p. 88).
8va – ┐	***ottava***	Toca una octava más alto (o más bajo) de lo escrito (p. 19).
	pedal de resonancia	El pedal de la derecha, que mantiene el sonido. Se usa el pie derecho (pp. 9 y 20).
ped. simile	***pedale simile***	Continuar usando el pedal de la misma manera (p. 29).
	posición cercana	La posición más cercana de las notas de un acorde para evitar saltos entre acordes (pp. 12 y 13).
C 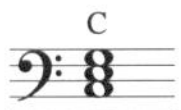	**posición fundamental**	La nota que le da al acorde su nombre está en el bajo (p. 12).
	relativa menor	La tonalidad relativa menor comparte la armadura de su relativa mayor. La tónica de la relativa menor se encuentra tres semitonos debajo de la tónica de la relativa mayor (pp. 88 y 90).
rit.	***ritardando***	Disminución gradual de la velocidad (p. 15).
	ritmo de *swing*	Cuando tocamos corcheas con un patrón largo-corto: ♫ = ♩ ♪ (3) (p. 38).

SÍMBOLO	TÉRMINO	DEFINICIÓN
	rotación	Movimiento de giro de la muñeca (pp. 41 y 60).
	**semicorcheas**	Cuatro semicorcheas equivalen a una negra (p. 178).
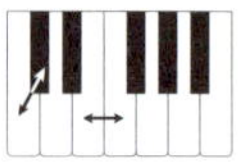	**semitono**	La distancia que hay entre una tecla y la tecla más cercana, por ejemplo DO-DO♯ o MI-FA (p. 12).
	**sensible**	Séptimo grado de la escala (p. 30).
sfz	***sforzando***	Acento fuerte y súbito (p. 116).
	**silencio de corchea**	Silencio que dura una corchea (p. 64).
	sinfonía	Composición larga para orquesta que normalmente tiene tres o cuatro movimientos (pp. 94, 160).
	***staccato***	Sonido corto y nítido.
	suite	Conjunto de piezas cortas, a menudo danzas (pp. 136, 138).
	**séptima** (7.ª)	Intervalo que abarca 7 notas, por ejemplo, LA subiendo a SOL. En el pentagrama, una séptima se forma con notas de línea a línea o de espacio a espacio (p. 102).
	**síncopa**	Cuando acentuamos notas en tiempos "débiles", o entre tiempos (pp. 66 y 172).
	tempo	La velocidad de la música.
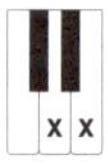	**tono entero**	Distancia de dos semitonos (p. 12).
	**tresillo**	Grupo de tres corcheas que equivalen a una negra (p. 94).
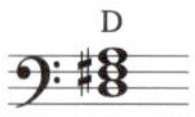	**tríada**	Acorde de tres notas que suben por 3.ªs (p. 48).
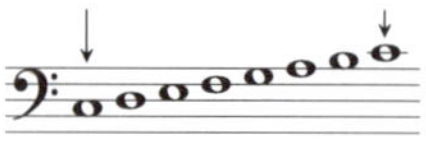	**tónica**	Primer grado de la escala (la nota desde la cual se construye la escala). También se refiere al acorde formado desde la tónica (pp. 30, 86, 110, 144 y 156).
	vals	Danza en $\frac{3}{4}$ (pp. 109 y 119).
	variación	Modificación del tema: diferentes notas, ritmo, matices, etc. (p. 118).